SOMMAIR

INFOS PRATIQUES

- Choisir sa randonnée. Quand randonner ?....... **p 2**
- Pour se rendre sur place................................... **p 3**
- Boire, manger et dormir dans la région............. **p 3**
- Comment utiliser le guide ?............................... **p 4**
- Des astuces pour une bonne rando.................... **p 6**
- Où s'adresser ?.. **p 8**

DÉCOUVRIR LE PARC NATUREL RÉGIONAL DE LA MONTAGNE DE REIMS — **p 9**

LES PROMENADES ET RANDONNÉES — **p 16**

N° et Nom du circuit	durée	page	N° et Nom du circuit	durée	page
1 La boucle de la Croix Nicaise	1 h	16	9 La boucle de la Forêt	3 h	38
2 La boucle de la Paramelle	1 h 30	18	10 La boucle du Brunet	5 h	42
3 La boucle du Tilleul	2 h	20	11 La boucle des Pâtis de Damery	1 h 30	46
4 La boucle de la Forêt Royale	3 h	22	12 La boucle du Cadran	1 h	48
5 La boucle du Mont Aigu	3 h	26	13 La boucle du Gros Mont	1 h 10	50
6 La boucle des Vignes	3 h 30	30	14 La boucle de Pourcy	1 h 30	52
7 La boucle de Mutigny	1 h	34	15 La boucle de l'Ardre	10 h	54
8 La boucle des Rinsillons	1 h	36			

Classement des randonnées

- Très facile (vert)
- Facile (bleu)
- Moyen (rouge)
- Difficile (noir)

BIBLIOGRAPHIE ET CARTOGRAPHIE — **p 63**
INDEX DES NOMS DE LIEUX — **p 64**

INFOS PRATIQUES

Choisir sa randonnée

Les randonnées sont classées par ordre de difficulté.

Elles sont différenciées par des couleurs dans la fiche pratique de chaque circuit.

 très facile Moins de 2 heures de marche
Idéal à faire en famille. Sur des chemins bien tracés.

 facile Moins de 3 heures de marche
Peut être fait en famille. Sur des chemins, avec quelquefois des passages moins faciles.

 moyen Moins de 4 heures de marche
Pour randonneur habitué à la marche. Avec quelquefois des endroits assez sportifs ou des dénivelés.

 difficile Plus de 4 heures de marche
Pour randonneur expérimenté et sportif. L'itinéraire est long ou difficile (dénivelés, passages délicats), ou les deux à la fois.

Durée de la randonnée

La durée de chaque circuit est donnée à titre indicatif. Elle tient compte de la longueur de la randonnée, des dénivelés et des éventuelles difficultés.
Pas de complexe à avoir pour ceux qui marchent à "deux à l'heure" avec le dernier bambin, en photographiant les fleurs.

Quand randonner ?

■ **Automne-hiver :** les forêts sont somptueuses en automne, les champignons sont au rendez-vous (leur cueillette est réglementée), et déjà les grandes vagues d'oiseaux migrateurs animent l'air froid.

■ **Printemps-été :** les mille coloris des fleurs enchantent les jardins, les bords des chemins et les champs.

■ Les journées longues de l'été permettent les grandes randonnées. Mais attention aux coups de chaleur, il faut boire beaucoup d'eau.

■ En période de chasse, certaines randonnées sont déconseillées, voire interdites. Se renseigner en mairie.

Avant de partir, il est recommandé de s'informer
sur le temps prévu pour la journée,
en téléphonant *à Météo France : 32 50*

INFOS PRATIQUES

Pour se rendre sur place

En voiture
Tous les points de départ sont facilement accessibles par la route.
Un parking est situé à proximité du départ de chaque randonnée.
Ne laissez pas d'objet apparent dans votre véhicule.

Par les transports en commun
■ Les horaires des trains SNCF sont à consulter
dans les gares, par téléphone au 08 36 35 35 35, ou sur Minitel 3615 *SNCF*, internet :
http://www.sncf.fr
■ Pour se déplacer en car : se renseigner auprès des Offices de tourisme et Syndicats d'initiative.

Où manger et dormir dans la région ?

Un pique-nique sur place ?
Chez l'épicier du village, le boulanger ou le boucher, mille et une
occasions de découvrir les produits locaux.
Pour découvrir un village ?
Des terrasses sympathiques où souffler et prendre un verre.
Une petite faim ?
Les restaurants proposent souvent des menus du terroir. Les tables d'hôtes et les
fermes-auberges racontent dans votre assiette les spécialités du coin.
Une envie de rester plus longtemps ?
De nombreuses possibilités d'hébergement existent dans la région.
Pour les hébergements, s'adresser au Parc naturel régional (voir page 8).

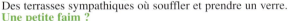

Boire, manger et dormir dans la région ?	ALIMENTATION	RESTAURANT	CAFÉ	HÉBERGEMENT
Ambonnay	X	X	X	X
Avenay-Val-d'Or	X		X	
Ay	X	X	X	X
Bligny				X
Chamery	X			X
Chaumuzy	X		X	
Cumières	X	X	X	X
Damery	X	X	X	X
Fleury-la-Rivière	X	X	X	
Fontaine-sur-Ay	X	X	X	X
Germaine	X	X		
Hautvillers	X	X	X	
Jouy-lès-Reims	X			
Mareuil-sur-Ay	X	X	X	X
Pargny-lès-Reims	X	X	X	
Poilly				X
Rilly-la-Montagne	X	X	X	X
Saint-Euphraise				X
Sarcy		X	X	X
Trépail	X			
Verzy	X	X	X	X
Ville-Dommange	X	X	X	X
Villers-Allerand	X	X	X	X
Villers-Marmery	X	X	X	X

N.B. : Sont signalés les gîtes et chambres d'hôtes labellisés « Gîtes de France » ou « Clévacances ».

COMMENT UTILISER LE GUIDE ?

La randonnée est reportée en rouge sur la carte IGN

Rivière

Village

La forêt (en vert)

La fabrication de l'ocre

Le minerai brut d'extraction doit être lavé pour séparer l'ocre marchande des sables inertes. L'eau délaie la matière brute qui décante pendant le trajet pour ne laisser subsister que de l'ocre pur que le courant emporte dans les bassins. Après plusieurs jours de repos dans les bassins, l'eau de surface ne contient plus d'ocre. La couche d'ocre déposée au fond peut atteindre 70 à 80 cm d'épaisseur. Encore à l'état pâteux, la surface de l'ocre est griffée à l'aide d'un carrelet. Elle est ensuite découpée à la bêche et entassée en murs réguliers où les briquettes d'ocre achèvent de sécher. Le matériau part ensuite pour l'usine où s'achèvera son cycle de préparation : broyage, blutage et cuisson.

Colorado provençal. *Photo D. G.*

Pour en savoir plus

Fiche pratique

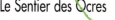
Nom et Numéro de la randonnée

Pour se rendre sur place

Temps de marche à pied
Longueur

Le Sentier des Ocres

Fiche pratique 17

Cet itinéraire présente le double avantage d'une découverte à la fois panoramique et intime des ocres.

❶ Du parking, emprunter la route vers l'Est.

❷ Dans le prochain virage à gauche, prendre à droite l'ancien chemin de Rustrel à Viens qui descend vers la Doa. Franchir le torrent. Passer à côté d'un cabanon en ruine. Un peu plus haut, le chemin surplombe un cirque de sables ocreux.

❸ Laisser le GR® 6 à gauche. Plus haut le chemin surplombe le ravin de Barries et le moulin du même nom. En haut du vallon de Barries, prendre à gauche une route.

❹ Au carrefour suivant, tourner à droite.

❺ Après une petite ferme entourée de cèdres et de cyprès, prendre à droite le chemin qui parcourt le rebord du plateau.

❻ Après une courte descente, prendre à droite. Suivre le haut du ravin des Gourgues. Ne pas prendre le prochain sentier sur la gauche. A la bifurcation suivante, prendre à gauche le sentier à peu près horizontal qui s'oriente vers l'Ouest. Un peu plus loin, longer une très longue bande de terre cultivée. Se diriger vers la colline de la Croix de Cristol.

❼ Au pied de celle-ci, prendre à droite le sentier qui descend vers Istrane. *Il s'agit de l'ancien chemin de Caseneuve à Rustrel. Une éclaircie ouvre des points de vue sur les pentes ravinées de Couvi, sur la chapelle de Notre-Dame-des-Anges et sur Saint-Saturnin-lès-Apt. Au fur et à mesure de la descente, la végétation change de physionomie pour laisser place à des espèces qui affectionnent les terrains sableux.* Franchir la Doa et remonter la route jusqu'à Istrane.

❽ Au croisement, prendre à droite l'ancien chemin de la poste. Passer à proximité d'une ancienne usine de conditionnement de l'ocre, puis à côté de Bouvène. Avant de regagner le point de départ, on peut remarquer le site des Cheminées de Fées *(colonnes de sables ocreux protégés par des blocs de grès).*

Situation : Rustrel sur la D 22 à 13 km au Nord-Est d'Apt

Parking communal de Rustrel

Balisage
❶ à ❸ blanc-rouge
❸ à ❶ jaune

Difficulté particulière
■ passages raides dans la descente sur Istrane

Ne pas oublier

À voir

En chemin
■ Gisements de sables ocreux
■ Chapelle Notre-Dame-des-Anges

Dans la région
■ Roussillon : sentier des aiguilles et usine Mathieu, consacrés à l'exploitation de l'ocre.

53

Classement de la randonnée :
■ Très facile   ■ Moyen
■ Facile   ■ Difficile

572 m Point le plus haut
345 m Point le plus bas

Parking

Balisage des sentiers *(voir page 7)*

Attention

Prévoir des jumelles

Prévoir une lampe de poche

Emporter de l'eau

Sites et curiosités à ne pas manquer en chemin

Autres découvertes à faire dans la région

Description précise de la randonnée

INFOS PRATIQUES

Des astuces pour une bonne rando

■ Prenez un petit sac pour y mettre la gourde d'eau, le pique-nique et quelques aliments énergétiques pour le goûter.

Le temps peut changer très vite lors d'une courte randonnée. Un coupe-vent léger ou un vêtement chaud et imperméable sont conseillés suivant les régions.

En été, pensez aux lunettes de soleil, à la crème solaire et au chapeau.

■ La chaussure est l'outil premier du randonneur. Elle doit tenir la cheville. Choisissez-la légère pour les petites randonnées. Si la rando est plus longue, prévoyez de bonnes chaussettes.

■ Mettez dans son sac à dos l'un de ces nouveaux petits guides sur la nature qui animera la randonnée. Ils sont légers et peu coûteux et vous permettront de reconnaître facilement les orchidées sauvages et les différentes fougères. Cela évite de marcher n'importe où et d'écraser des espèces rares ou protégées.

■ Pour garder les souvenirs de la randonnée,  des fleurs et des papillons, rien de tel qu'un appareil photo.

■ Les barrières et les clôtures servent à protéger les troupeaux ou les cultures. Une barrière ouverte sera refermée.

■ Les chiens sont tenus en laisse. Ils sont interdits dans les Parcs nationaux et certaines zones protégées.

INFOS PRATIQUES

 ## Où s'adresser ?

■ *Parc naturel régional de la Montagne de Reims (PNR)*
• Maison, du Parc, Chemin de Nanteuil, 51480 Pourcy, tél. 03 26 59 44 44, fax 03 26 59 41 63, e-mail : contact@parc-montagnedereims.fr,
Site Internet : www.parc-montagnedereims.fr

■ *Comité régional du tourisme (CRT)*
Le CRT publie des brochures d'informations (gratuites) sur chaque région administrative.
• CRT Champagne-Ardenne, 15, avenue du Maréchal-Leclerc, 51000 Châlons-en-Champagne, tél. 03 26 21 85 80, fax 03 26 21 85 90, e-mail : contact@tourisme-champagne-ardenne.com

■ *Comité départemental du tourisme (CDT)*
Le CDT publie des brochures d'informations touristiques (gratuites) mises à jour sur les activités, les séjours et l'hébergement dans le département.
• CDT de la Marne, 13 bis, rue Carnot, BP 74, 51006 Châlons-en-Champagne Cedex, tél. 03 26 68 37 52, fax 03 26 68 46 45, e-mail : cdt51@tourisme-en-champagne.com

■ *Offices de tourisme et syndicats d'initiative*

Offices de tourisme
• Châlons-en-Champagne, tél. 03 26 65 17 89,
e-mail : off.tourisme.chalons-en-champagne@wanadoo.fr
• Châtillon-sur-Marne, tél. 03 26 58 32 86, e-mail : otchatillon51@aol.com
• Dormans (Coteaux de la Marne), tél. 03 26 53 35 86,
e-mail : office.tourisme-lescoteaux.delamarne@wanadoo.fr
• Épernay, tél. 03 26 53 33 00, e-mail : tourisme@ot-epernay.fr
• Fismes, tél. 03 26 48 81 28, e-mail : office.fismes@wanadoo.fr
• Hautvillers (Grande vallée de la Marne), tél. 03 26 57 06 35, e-mail : contact@hautvillers.fr
• Reims, tél. 03 26 77 45 25, e-mail : visitreims@netvia.com
Syndicat d'initiative
• Verzy, Bureau du tourisme, tél. 03 26 97 93 65, e-mail : verzytourisme@aol.com
Point Information
• Ay, tél. 03 26 56 92 10, e-mail : ville.ay@wanadoo.fr

■ *La Fédération Française de la Randonnée Pédestre (FFRP)*
• **Centre d'information de la FFRP**
Pour tout renseignement sur la randonnée pédestre en France et sur les activités de la FFRP : 14, rue Riquet, 75019 Paris, tél. 01 44 89 93 93, fax 01 40 35 85 67, e-mail : info@ffrp.asso.fr, site Internet : www.ffrp.asso.fr
• **Comité régional de la randonnée pédestre (CRRP) Champagne-Ardenne**
27, allée Abel-Gance, 51430 Tinqueux, tél. et fax 03 26 84 11 28
• **Comité départemental de la randonnée pédestre (CDRP) de la Marne**
Le CDRP contrôle la qualité des itinéraires de ce topo-guide. N'hésitez pas à lui faire part de vos remarques ou suggestions.
CDRP 51, BP 3, 51300 Frignicourt, tél. et fax 03 26 41 03 88

■ *Divers*
Pour connaître les hébergements, s'adresser au Parc naturel régional (voir ci-dessus).
• **Association « Accueil en Champagne dans le PNR de la Montagne de Reims »**, Chambre de Commerce et d'Industrie de Reims-Épernay, 15, avenue de Champagne, 51200 Épernay, tél. 03 26 55 75 75, www.accueil-en-champagne.com
• **Clévacances Marne** et **Gîtes de France Marne**, centrale de réservation, Chambre d'Agriculture, route de Suippes, BP 525, 51009 Châlons-en-Champagne Cedex, tél. 03 26 64 95 05, fax 03 26 64 95 06, www.gites-de-france-marne.com, www.clevacances-marne.com

Découvrir le Parc naturel régional de la Montagne de Reims

Le Phare de Verzenay. *Photo Le Phare de Verzenay en Champagne.*

Solide comme un roc
Un phare ! À Verzenay, la mer est verte, la brise légère et le climat, continental, a encore des influences océaniques. Les vignes ondulent au pied de cette surprenante colonne blanche*. Dressée sur un éperon avancé de la Montagne de Reims, elle toise fièrement la plaine qui étale, de Châlons-en-Champagne à Reims, ses couleurs « céréales ».
Sur son flanc Est, la Côte d'Île-de-France, sorte de falaise, forme ici un cirque. À moins qu'il ne s'agisse d'une crique. Pas la moindre voile dans cette anse tranquille où le raisin aux grains charnus prend son bain de soleil tandis qu'un vieux moulin à vent en a visiblement assez de brasser l'air. Nous sommes au milieu des terres, aux franges orientales du Bassin parisien, au Nord-Ouest du département de la Marne. Il y a 50 à 70 millions d'années, ce paysage était immergé.

---
* Le phare de Verzenay date de 1909. Il est l'œuvre d'un commerçant visionnaire – Joseph Goulet, cofondateur des épiceries Goulet-Turpin –, qui l'a fait ériger à des fins publicitaires. Il n'a jamais vu la mer. Il est devenu un musée dédié au vignoble…

Église d'Avenay-Val-d'Or, détail.
Photo P.M.P./ P.N.R.M.R.

Cérithe, 45 millions d'années (Lutétien).
Coll. P. Legrand. Photo P.N.R.M.R.

C'est à cette époque que s'est formée la couche de « craie de Reims », dernière sédimentation conservée du crétacé. Elle constitue le socle de la plaine de Champagne, sur lequel s'est déposée au cours de l'ère tertiaire toute une série de couches qui a résisté à l'usure du temps. Plus près de nous (15 000 ans), ces sédiments ont été façonnés par le grand laminoir des glaciers.

Non loin de Verzenay, à Mailly-Champagne, on peut découvrir cette exceptionnelle histoire millénaire racontée à ciel ouvert : une carrière pédagogique déroule sur quelques 1 500 mètres les différentes strates géologiques des ères tertiaire et quaternaire.

L'impressionnant mille-feuille qui compose ce sous-sol (de la craie profonde aux argiles à meulières en passant par les sables à microcodiums, les marnes, les argiles et les sables à lignites, etc.) explique en grande partie le relief et les peuplements floristiques et faunistiques du territoire du Parc naturel régional de la Montagne de Reims. Un territoire privilégié, vaste de 50 000 hectares, qui est resté blotti entre la vallée de la Marne, au Sud, dominée par Épernay, et la vallée de la Vesle, au Nord. Ces axes naturels ont permis à l'homme, depuis longtemps, de mettre le cap sur la Montagne de Reims et d'y trouver un cadre de vie des plus agréables.

Une terre grouillante de vie

Comme les hommes, les animaux ont colonisé cette « montagne » il y a bien longtemps. L'extrême diversité du paysage, qui se compose de landes, de tourbières, de sablières, de marais, de mares ou d'étangs – et la luxuriante végétation qui s'y rapporte –, favorise la présence d'une faune prospère qui déambule en totale liberté. Ou presque.

Faon de chevreuil. Photo M.L.

Ici s'étend le royaume des cerfs, des chevreuils et autres sangliers. Sur le plateau forestier, la présence et l'abondance de ces animaux ont depuis toujours suscité cette activité, traditionnelle en milieu rural, qu'est la chasse. Elle n'est pas interdite mais bien réglementée : l'action concertée du Parc naturel régional, de la Fédération des chasseurs et des acteurs cynégétiques locaux, vise ainsi à rechercher le difficile équilibre entre populations de grands gibiers et activités humaines.

Chat sauvage. *Photo D.B.*

La lisière des bois offre un refuge au très discret et plus rare chat sauvage. Les fins observateurs de la nature et les plus chanceux des promeneurs peuvent, fugitivement, apercevoir le panache de sa queue ou le triangle de ses oreilles quand il traque le campagnol des champs. L'animal tigré, originaire d'Europe comme son cousin le lynx, est en phase d'extension vers l'Ouest.

Le renard, tout affairé qu'il est à « muloter », se laissera plus facilement surprendre par le téléobjectif du photographe que le blaireau, peu enclin à montrer la pointe de son museau. Lorsqu'on longe les cours d'eau, il n'est pas rare de tomber nez à nez sur une musaraigne aquatique tandis que, sur la berge, le martin-pêcheur opine du bec. Du côté des rapaces, l'effraie des clochers et la chouette chevêche attendent la nuit pour faire entendre leur voix. Les hirondelles de rivage, elles, s'en donnent à cœur joie dès le lever du jour. Elles virevoltent au-dessus des zones humides, attirées par les grenouilles, les crapauds, les rainettes, les tritons et autres salamandres… ou par le ballet des libellules. Dans cette région, on recense pas moins de 35 espèces de cet élégant insecte, léger et vif comme l'air. La libellule a de ce fait été choisie pour servir de guide le long des haltes pédagogiques du canal latéral à la Marne.

Martin-pêcheur. *Dessin P.R.*

Les fleurons du Parc

Le Parc naturel régional de la Montagne de Reims possède un Centre d'initiation à la nature (CIN) au sein du superbe domaine de Commetreuil à Bouilly, non loin de la Maison du Parc. Pour les visiteurs, il constitue le point de départ de nombreuses escapades thématiques (demandez le programme !), à la découverte de la faune et de la flore, d'une exceptionnelle diversité sur ce territoire protégé. Montrer, expliquer et apprendre à respecter ce patrimoine vert, à forte valeur écologique ajoutée, est l'une des principales raisons d'être du Parc. Il veille non seulement sur ses plus beaux fleurons, mais aussi sur toutes les composantes naturelles qui assurent la biodiversité de cet espace ouvert.

Crapaud sonneur à ventre jaune. *Photo M.L.*

Fleury-la-Rivière. Photo P.M.P./ P.N.R.M.R.

L'orchidée sauvage fait partie des plantes les plus belles et les plus courtisées. Elle parade sur les pelouses calcaires, promptes à emmagasiner la chaleur aux premiers rayons de soleil. Dans le Parc, elle est préservée, tout comme les plantes carnivores (*Drosera rotundifolia*, notamment) ayant élu domicile dans certaines tourbières. Au carrefour de multiples influences climatiques s'épanouissent également la jacinthe des bois ou la bruyère à quatre angles (flore à caractère atlantique), le daphné (bois-joli) ou le cerisier à grappe (à caractère continental), le sorbier domestique ou le limodore (à caractère subméditerranéen), la myrtille ou l'actée en épi (à caractère montagnard), voire l'utriculaire et autres espèces nordiques ou boréales.

Les études menées par le Parc naturel régional ont permis de hiérarchiser les sites en trois catégories : le patrimoine naturel « ordinaire », le patrimoine « remarquable » et, enfin, le site des Faux de Verzy, qui recèle la plus importante population européenne de hêtres tortillards. La forêt, dans ce concert végétal, joue à plein son rôle de régulateur des eaux, des sols et des climats. Le Parc est aux petits soins pour la chênaie pubescente, l'aulnaie à hautes herbes et autres frênaies ou hêtraies. La conservation des variétés végétales domestiques locales figure en bonne place aussi dans les programmes du Parc. L'inventaire des espèces fruitières, à noyau ou à pépins, y est dressé.

Orchis pourpre. Photo M.L.

Avant de sauter le pas, quelques derniers conseils.

Munissez-vous de bonnes chaussures qui maintiennent bien les chevilles. Une glissade est vite arrivée sur les plateaux argileux, aux sols mous souvent gorgés d'eau, ou sur les coteaux, où le substrat crayeux rend les terrains glissants. De lourds engins agricoles ou forestiers forment régulièrement des ornières dont certaines, peu visibles, peuvent atteindre 50 centimètres de profondeur.

Frelon. *Dessin P.R.*

Gare aux insectes !
■ Évitez de chasser brutalement les hyménoptères (guêpes, frelons, abeilles, etc.) et d'approcher ou de déranger leurs nids ou essaims.
■ N'hésitez pas à consulter un médecin ou un pharmacien en cas de morsure ou de piqûre, ou encore si vous remarquez la présence de tiques, ces petits acariens prompts à se nourrir du sang de leurs hôtes humains ou animaux.

■ Tenez compte des autres usagers des espaces que vous traverserez. Ainsi, n'oubliez pas que les chasseurs concourent, par leur gestion de la faune et des sentiers, à l'entretien du patrimoine. Renseignez-vous pour éviter tout désagrément lors de votre venue (fermeture de sentiers lors de battues, par exemple).
■ Pour les déplacements en groupe (au moins 20 personnes), une déclaration préalable est à déposer auprès du service « manifestation » de la sous-préfecture concernée. L'instruction de ce dossier permettra de vous informer des périodes de chasse. Prévenez également les communes concernées, ainsi que les structures gérant les milieux traversés (Office national des forêts, Voies navigables de France, etc.).

Toutes les informations complémentaires sont disponibles auprès du Parc naturel régional de la Montagne de Reims (coordonnées page 8).

La Maison du Parc. *Photo L.L.T./P.N.R.M.R.*

La randonnée : une passion FFRP !

Des sorties-randos accompagnées, pour tous les niveaux, sur une journée ou un week-end : plus de 2 500 associations sont ouvertes à tous, dans toute la France.

Un grand mouvement pour promouvoir et entretenir les 180 000 km de sentiers balisés. Vous pouvez vous aussi vous impliquer dans votre département.

Des stages de formation d'animateurs de randonnées, de responsables d'association ou encore de baliseurs, organisés toute l'année.

Une garantie de sécurité pour randonner bien assuré, en toute sérénité, individuellement ou en groupe, grâce à la licence FFRP ou à la RandoCarte.

Pour connaître l'adresse du Comité de votre département, pour tout savoir sur l'actualité de la randonnée et découvrir la collection des topo-guides :

www.ffrp.asso.fr

Centre d'Information de la FFRP
14, rue Riquet 75019 Paris - Tél : 01 44 89 93 93
Ouvert du lundi au samedi de 10 h à 18 h.

Bienvenue aux randonneurs ou promeneurs de toutes pointures !

Le présent ouvrage vous invite à suivre quelques balades et randonnées dans nos contrées boisées, agricoles ou viticoles. Il vous permettra également de lever le voile sur certains de nos trésors parfois bien dissimulés et de poursuivre votre découverte en dehors du balisage.

La vigne n'aura plus de secrets pour vous lorsque, ayant parcouru le sentier du Vigneron de Mutigny, vous poursuivrez sa découverte au Phare de Verzenay.

Les métiers de la forêt et les conditions de vie qui furent longtemps celles de ses habitants vous seront révélés à la Maison du Bûcheron à Germaine.

Enfin – et surtout ! – n'hésitez pas à saluer les vignerons. Au détour de l'une des visites accompagnées, vous aurez certainement la surprise de découvrir les méthodes d'élaboration du champagne, ou encore un musée consacré à un point ou l'autre du patrimoine local.

Pour vos balades en voiture, pensez à l'audioguide Hoppy. Enfin, pour la découverte du patrimoine naturel, contactez-nous !

Le Parc naturel régional de la Montagne de Reims vous souhaite une agréable découverte.

Parc naturel régional de la Montagne de Reims
Chemin de Nanteuil
51480 Pourcy
Tél. 03 26 59 44 44, fax 03 26 59 41 63
e-mail : contact@parc-montagnedereims.fr, www.parc-montagnedereims.fr

Le bout du tunnel

Le train sort comme par enchantement des entrailles de la terre à Rilly-la-Montagne. Après la pénombre de la forêt, il met le cap sur l'immense patchwork vert et blond du pays rémois. C'est au milieu du XIXe siècle que l'on perça ce long tunnel de 3,5 kilomètres dans la veine calcaire de la Montagne de Reims, cela pour relier par voie ferroviaire Épernay à Reims. Le choix du tracé sortit Germaine, village de bûcherons du plateau forestier, de son isolement. Son quai de gare servit longtemps de lieu de stockage des grumes avant leur transport. En 1944, le tunnel côté Reims, qui servait d'entrepôt pour les bombes volantes allemandes V1, fut bombardé, entraînant la destruction partielle de Rilly-la-Montagne.

Rilly-la-Montagne (Marne), sortie du tunnel.
Carte postale ancienne. *Coll. P.N.R.M.R.*

La boucle de la Croix Nicaise

Les hauts de Rilly-la-Montagne apportent un point de vue unique sur les trois principaux éléments paysagers de la Montagne de Reims : la vigne, la forêt et les cultures.

❶ Monter par le sentier situé à la droite du panneau, sur 300 m, et arriver à un premier croisement. Prendre le chemin à gauche (Sud) sur 600 m et atteindre une nouvelle intersection.

❷ Se diriger à gauche sur 500 m et gagner un carrefour.

❸ Emprunter le chemin à gauche (Est) sur 700 m, longer une clairière et arriver à un carrefour marqué d'une grande croix de bois (*Croix Nicaise*).

Empreinte de sanglier.
Dessin P.R.

❹ Tourner alors à gauche (Nord). Le chemin, en ligne droite, d'abord à plat, entame la descente (*attention aux glissades*) et arrive à une intersection, juste avant l'orée du bois. Obliquer à gauche en angle aigu, puis virer à droite pour rejoindre le point de départ.

Laie et marcassins. *Dessin P.R.*

Situation Rilly-la-Montagne, à 12 km au Sud de Reims par les N 51 et D 26

Parking bout de la rue du Pavé, au Sud du village (départ du chemin de randonnée)

Balisage
❶ à ❹ blanc-rouge
❹ à ❶ jaune

Difficulté particulière

■ descente glissante par temps humide entre ❹ et ❶

Ne pas oublier

À voir

En chemin

■ puits d'aération du tunnel ferroviaire
■ sous-bois et mare
■ Croix Nicaise

Dans la région

■ Rilly-la-Montagne : église XIIe-XVIe (stalles évoquant le travail de la vigne), ferme des Bermonts (collection d'outils anciens, ouverte sur rendez-vous)
■ vignoble de Champagne
■ Verzenay : moulin à vent, phare (musée de la Vigne)

17

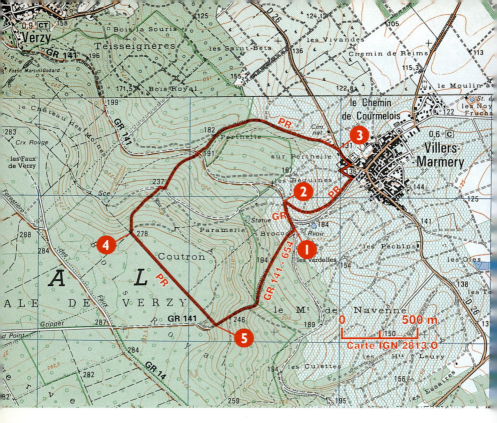

Mélodie en sous-sols

Entre Trépail et Villers-Marmery, le gouffre de la Nau, la fosse de l'Eau lue ou encore le trou Jeannot firent le bonheur des spéléologues. Cette région regorge de grottes et de rivières souterraines (*interdites au public*), royaume des marmites de géants, des stalagmites et des cristaux de calcite. De nombreuses explorations scientifiques, dont celles menées par l'abbé Paramelle, l'un des pères de l'hydrologie moderne, ont permis de mieux comprendre ce réseau karstique lié à l'altération physique et chimique des couches géologiques. La source de Trépail, nom donné à la rivière souterraine la plus longue connue dans le secteur, est une curiosité : elle court sur 700 mètres, puis sourd dans un ravin à une température constante de 10 °C.

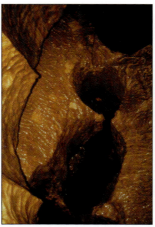

Réseau karstique. *Photo S.S.A.H.E.R.*

La boucle de la Paramelle

Fiche pratique 2

Entre vignoble et sous-bois, cette petite et « sportive » (150 m de dénivelé) escapade en boucle offre une belle vue sur la plaine de Champagne.

① Du parking, se diriger à droite (Nord).

② À la croisée de chemins, prendre celui de droite. Il descend vers Villers-Marmery, en contrebas d'une route. Au bout, longer le mur par la gauche, puis tourner à droite. Emprunter la D 26 à gauche.

③ À l'avant-dernière maison de la rue, bifurquer à gauche vers le cimetière militaire. Le chemin grimpe et devient encaissé. Environ 50 m avant le sommet du raidillon, s'enfoncer sous les arbres par un petit layon et commencer une longue ascension de 1 km. Croiser deux chemins plus importants et continuer à monter. En haut, contourner une mare par la gauche et franchir l'escarpement.

④ Poursuivre par une large route forestière entre résineux et feuillus. D'abord herbeuse, la route devient empierrée. Avant le virage à droite, descendre tout droit en sous-bois et déboucher sur une nouvelle route forestière.

⑤ Descendre par la route forestière à gauche. Elle conduit au point de départ.

Charme : fruits.
Dessin P.R.

Charme : feuille et fruit.
Dessin P.R.

Situation Villers-Marmery, à 20 km au Sud-Est de Reims par les N 44 et D 326

Parking bout de la rue des Muguets, à 500 m au Sud-Ouest du village

Balisage

① à ② blanc-rouge
② à ⑤ jaune
⑤ à ① blanc-rouge

Difficultés particulières

■ fort dénivelé
■ ornières (bonnes chaussures recommandées)

Ne pas oublier

À voir

En chemin

■ vue sur la plaine de Champagne et l'extrémité Est de la Montagne de Reims
■ cimetière militaire
■ vigne en foule
■ sous-bois

Dans la région

■ vignoble de Champagne
■ Verzenay : moulin à vent, phare (musée de la Vigne)
■ Faux de Verzy

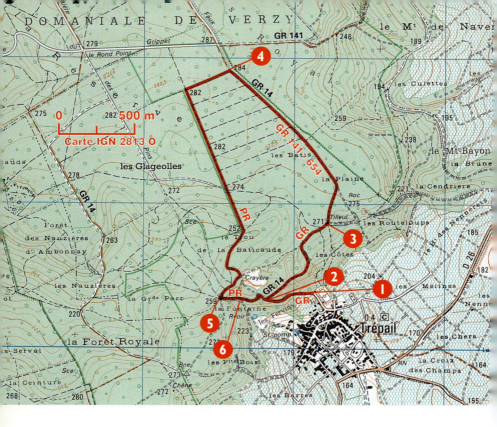

Les tilleuls et leurs vertus

Le glorieux tilleul du village de Trépail – mentionné sur toutes les cartes – a rendu l'âme après plusieurs siècles de vie. La région possède d'autres tilleuls, tout aussi vénérables, reconnaissables à leur majestueuse coupole feuillue. Connu dès l'Antiquité pour les vertus relaxantes et apaisantes de ses fleurs odorantes, cet arbre est également légendaire pour ses innombrables exploitations : ainsi, son écorce souple a longtemps servi (jusqu'au XIXe siècle) à la confection de cordages, et son bois blanc fin et résistant fait aujourd'hui encore le bonheur des ébénistes et des sculpteurs. Arbre symbole, le tilleul était associé, au temps des Germains, à la déesse de la Fécondité et de l'Amour maternel et, plus récemment, à la Justice et à la Liberté.

Feuille, fleur et fruit du tilleul. *Dessin P.R.*

La boucle du Tilleul

Fiche pratique 3

Cette boucle vous plongera dans des ambiances forestières variées, tant par les essences que par les âges des plantations… Elle revêt en automne des couleurs envoûtantes.

2 h — 5 Km

284 m / 175 m

Situation Trépail, à 25 km au Sud-Est de Reims par les N 44, D 37 et D 26

Parking terrain de football

Balisage
❶ à ❹ blanc-rouge
❹ à ❷ jaune

Difficultés particulières

■ talus de 3 m entre ❹ et ❺
■ ornières (bonnes chaussures recommandées)

Ne pas oublier

❶ Du terrain de football, prendre le chemin à droite jusqu'au premier carrefour.

❷ S'engager sur le chemin moins large, à droite, et continuer la montée.

▶ Le Vieux Tilleul se trouvait à droite.

❸ Le chemin arrive sur le plateau. Continuer par la route forestière revêtue de gravillons *(quelques mares intéressantes parsèment les abords de la route)*.

❹ Avant le virage de la route, prendre le chemin à gauche et passer une zone de plantations récentes. Au carrefour, emprunter le chemin à gauche. Après une parcelle de résineux et une intersection, descendre tout droit, d'abord en pente douce, puis dévaler un raidillon *(prudence)* et arriver à une croisée de cinq chemins.

❺ Descendre à gauche pour rejoindre Trépail.

❻ Au deuxième embranchement, poursuivre à gauche sur 100 m, puis prendre à droite à l'intersection suivante.

❷ Descendre à droite jusqu'au terrain de football de Trépail.

Rouge-gorge.
Dessin P.R.

À voir

En chemin

■ Trépail : église XIIe-XIIIe remaniée XVIe
■ Vieux Tilleul
■ sous-bois

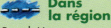

Dans la région

■ Faux de Verzy
■ Ambonnay : balade fleurie et architecture du village
■ Bouzy : vigne en foule

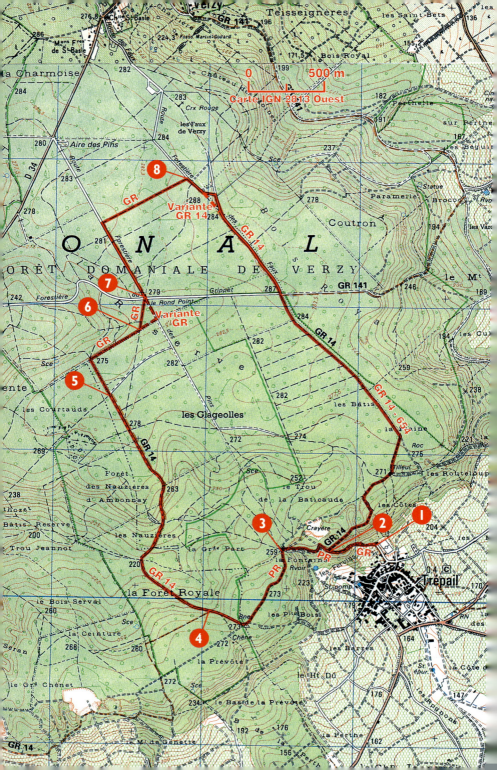

La boucle de la Forêt Royale **4**

La Forêt Royale regorge d'histoires féeriques que rehausse la présence de faux (hêtres tortillards). Il est cependant plus probable d'y croiser une laie et ses marcassins qu'un elfe ou un lutin.

Empreinte de cerf. Dessin P.R.

❶ Du terrain de football, prendre le chemin à droite jusqu'au premier carrefour.

❷ Poursuivre sur 50 m avant de bifurquer à gauche à l'intersection suivante. Continuer tout droit jusqu'à atteindre une croisée de cinq chemins.

❸ Prendre le chemin à gauche et arriver à une clairière. Emprunter la route forestière à droite. Elle descend en pente douce et arrive à une intersection.

❹ Poursuivre tout droit par la route. Descendre jusqu'à un carrefour, puis remonter en pente douce *(souvent, bruits des pics cherchant leur nourriture)* sur 400 m.

❺ Lorsque la route décrit un ample virage à droite, la quitter pour continuer tout droit par le chemin. Au carrefour, prendre le chemin assez large à droite sur 300 m.

❻ S'engager sur la sente à gauche. Elle traverse deux cours d'eau. La sente aboutit à un croisement de routes forestières, appelé le Rond-Point.

▶ Variante : si les cours d'eau ne sont pas franchissables, continuer tout droit jusqu'au carrefour suivant, puis tourner à gauche pour gagner le Rond-Point.

❼ Poursuivre par la route en face jusqu'au site des Faux de Verzy et franchir la barrière. Le chemin permet de découvrir quelques-uns de ces hêtres tortillards.

❽ À la barrière suivante, prendre la route à droite et longer une parcelle en régénération. La route se transforme en chemin humide. Il laisse le Vieux Tilleul à gauche, puis s'oriente au Sud-Ouest et débouche sur une intersection.

❷ Descendre à gauche jusqu'au terrain de football.

3 h
9 Km

288 m
175 m

Situation Trépail, à 25 km au Sud-Est de Reims par les N 44, D 37 et D 26

Parking
terrain de football

 Balisage

❶ à ❷ blanc-rouge
❷ à ❹ jaune
❹ à ❷ blanc-rouge

 Difficultés particulières

■ ornières (bonnes chaussures recommandées)

Ne pas oublier

 À voir

En chemin

■ vignoble
■ Faux de Verzy
■ Vieux Tilleul
■ Trépail : église XIIe-XIIIe remaniée XVIe

 **Dans la région**

■ Verzenay : moulin à vent, phare (musée de la Vigne)
■ Mailly-Champagne : carrière pédagogique

Les faux de Verzy

Pour connaître la vérité sur les hêtres tortillards, mieux vaut peut-être prêcher le « fau »… Ces hêtres rarissimes, appelés « faux », aux formes tourmentées, font partie de l'histoire de Verzy depuis le début du Moyen Âge. Ils seraient apparus à l'endroit même où vécut un célèbre ermite, saint Basle (une abbaye fut fondée en son hommage par Nivard, archevêque de Reims).
Défiant le temps et les hommes, ces hêtres mutants auréolés de légendes mystiques hantent toujours ces lieux, tels de mauvais génies. Trapus et trop noueux pour l'exploitation forestière, ils ont vu leur célébrité dépasser les frontières. On vient en pèlerinage dans les bois de Verzy comme dans un sanctuaire dédié à Dame Nature. Mais leur popularité met en péril le site. Aussi, le Parc naturel régional et l'Office national des forêts ont mis en place un programme de sauvegarde.

Point de vue imprenable

L'Observatoire du Mont Sinaï, situé à 283 mètres au-dessus du niveau de la mer, est un des points culminants de la Montagne de Reims, et même du département de la Marne tout entier. Ce site a joué un rôle stratégique de premier plan, durant la Grande Guerre, au cours de laquelle la Côte de l'Île-de-France servait d'ultime rempart à la capitale.

Un ensemble de quatre blockhaus fut construit sur cette crête en octobre 1914. C'est depuis cet ouvrage – très justement appelé « l'Observatoire » – que l'armée française scrutait les lignes de front. Pas un mouvement ennemi ne lui échappait à l'est, de Reims jusqu'aux monts de Champagne, qu'on distingue au loin. Les batteries d'artillerie étaient déployées sur cette position privilégiée.

Le général Gouraud, célèbre commandant de la IVe armée de Champagne, venait y diriger les troupes. La salle de l'Observatoire porte aujourd'hui son nom. L'endroit, le seul de cette période encore visitable, est classé monument historique.

Verzy (Marne). Entrée de l'Observatoire du Mont Sinaï lors de la Grande Guerre. *Carte postale ancienne. Coll. P.N.R.M.R.*

Fau. *Photo B.G.*

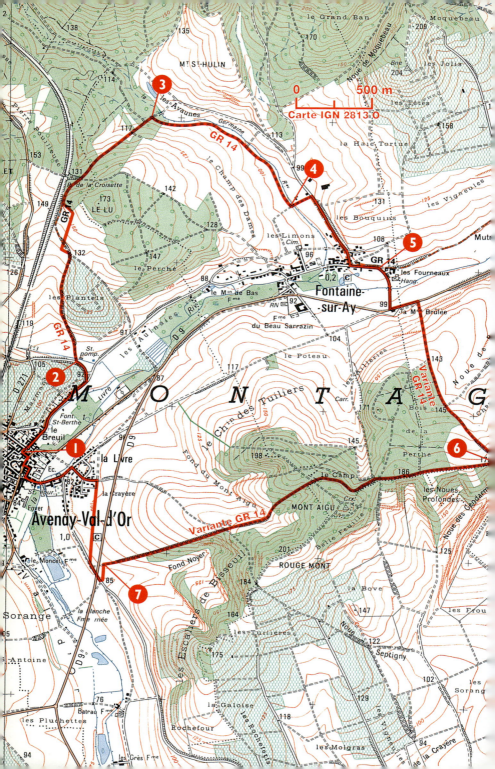

La boucle du Mont Aigu

Fiche pratique 5

3 h • 11 Km — 190 m / 84 m

Entre Avenay-Val-d'Or et Fontaine-sur-Ay, la Germaine apporte une fraîcheur incomparable, et le mont Aigu (196 m) un beau point de vue sur la plaine champenoise.

Situation Avenay-Val-d'Or, à 8 km au Nord-Est d'Épernay par les D 201 et D 9

 Parking place Carnot (église)

❶ Suivre le GR® 14 à gauche de l'église (Nord), passer devant le square Saint-Joseph et le lavoir. À la sortie d'Avenay, prendre la petite route de gauche.

 Balisage blanc-rouge

❷ Au hangar, bifurquer à droite. Le chemin monte, longe un bois, passe près de la voie ferrée, traverse le bois et redescend dans la vallée de la Germaine.

❸ Quitter le chemin stabilisé pour un chemin plus étroit à droite, en direction de quelques maisons situées en hauteur. Longer le ruisseau de la Germaine et passer au pied des habitations.

 Difficulté particulière
■ traversée de la D 9 après ❺ puis après ❼

❹ Franchir le cours d'eau sur la gauche, puis prendre la route à droite pour traverser Fontaine-sur-Ay. Au bout de l'allée des Tilleuls, suivre la rue à gauche.

❺ Quitter le GR® 14 pour sa variante et continuer à droite par la route. Traverser la D 9 (*prudence*) face au café et prendre le chemin qui la longe à gauche, sur 200 m, avant de monter à travers champs puis en lisière de bois par le chemin à droite. Déboucher, en haut, sur un petit col (*vue sur la plaine de Champagne*).

Ne pas oublier

À voir

En chemin

Terrier et empreinte de renard.
Dessin P.R.

❻ Tourner à droite. Suivre le chemin des Rouliers puis l'allée des Chevreuils, jalonnés par quelques bornes, en laissant le sommet du mont Aigu à gauche, et descendre vers la vallée.

■ Avenay-Val-d'Or : église XIIIe-XVIe (portail Ouest XVIe)
■ Fontaine-sur-Ay : église Saint-Trésain ■ point de vue sur la plaine de Champagne
■ vallée de la Livre

Dans la région

■ Bisseuil : Escaliers et pont-tournant ■ Mareuil-sur-Ay : flâneries marotières (circuit de découverte du village)
■ Germaine : Maison du Bûcheron ; musée de l'Aviculture

❼ En bas, longer la D 9 par la gauche, puis la traverser (*prudence*) pour suivre la petite route d'Avenay à droite sur 100 m. Prendre le chemin à droite à travers champs. Au lotissement, descendre à gauche par l'allée du Mont-Aigu, puis emprunter la route à gauche. Par la rue de l'Écu-de-France, rejoindre la place Carnot.

Avenay-Val-d'Or

Avenay-Val-d'Or a un nom qui frappe l'imaginaire. Ses origines remonteraient à l'an 660. Berthe, épouse de Gombert, seigneur local parti en Irlande, fonde un couvent de bénédictines. Le manque d'eau la pousse à acheter une source, loin dans la forêt. La légende veut que, sur le retour, le ruisseau lui emboîte le pas jusqu'à l'abbaye. Son nom ? La Livre, soit la somme payée par la sainte pour l'usage de cette eau réputée guérir les fous.

Square Saint-Joseph.
Photo P.M.P./P.N.R.M.R.

La belle église Saint-Trésain, attachée à la source miraculeuse de Mutigny, a été édifiée entre la fin du XIIe siècle et le début du XIIIe sur le tombeau du saint ; elle renferme quelques trésors de l'ancienne abbaye : fonts baptismaux de 1677, châsses en cuivre argenté (reliquaires en forme de maison), orgue du XVIIe siècle, etc.

À Fontaine-sur-Ay, en amont de la Livre, deux ponts datant de 1786 enjambent le ruisseau qui unit ses eaux à celles de la Germaine. Les bâtisseurs du village auraient-ils abusé de cette source ? Le chevet de l'église est orienté vers l'Ouest et non vers l'Est !

De craie et de cendre

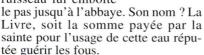

Dans le paysage du mont Aigu, un site attire le regard : les Escaliers de Bisseuil. Ces terrasses bien ensoleillées étaient autrefois cultivées. Avec la mécanisation, les agriculteurs les ont abandonnées à la nature. Sur ce sol crayeux est apparue une végétation aux caractères subméditerranéens : chêne pubescent, sorbier domestique, iris fétide, limodorum, etc. En contrebas, aux portes de Bisseuil, s'étire la vallée de la Crayère : elle doit son nom à un gisement de craie, dont le front de taille, impressionnant, atteint 50 mètres de haut. Mise en poudre sur place, cette craie a longtemps servi à l'industrie chimique et à des générations d'écoliers. Le site n'est plus exploité depuis 1955.

Dans la région, d'autres carrières ont fermé leurs portes, à l'instar des cendrières dont on extrayait une terre noire constituée de lignite. Riche en fer, cette terre a longtemps permis de lutter contre une carence dont souffre la vigne : la chlorose ferrique.

Les crayères de Bisseuil. Photo P.M.P./P.N.R.M.R.

Porche de l'église Saint-Trésain, Avenay-Val-d'Or. *Photo P.M.P./P.N.R.M.R.*

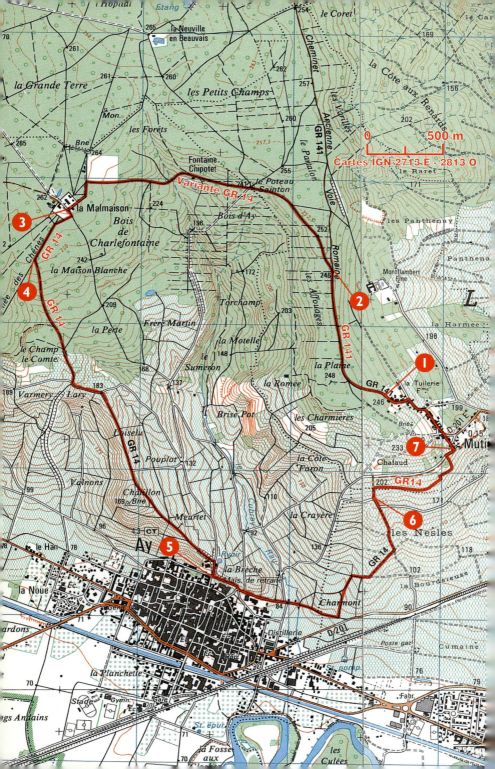

La boucle des Vignes

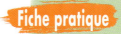 **6**

Aussi appelée « circuit du Cubray », cette boucle part à la découverte d'Ay et de son vignoble. L'ascension vers Mutigny donne tout son sens à l'appellation Montagne de Reims.

❶ S'engager dans la forêt en suivant l'ancienne voie romaine du Cheminet sur 1,2 km.

❷ À la bifurcation, suivre la variante du GR® 14 à gauche. Le chemin descend en pente douce jusqu'au carrefour du Poteau-Sainton. Continuer tout droit, passer la fontaine Chipotet, puis franchir un petit gué et arriver dans le hameau de La Malmaison. Après la chapelle, se diriger à droite et longer la clôture.

❸ Après la petite maison, se diriger à gauche sur quelques mètres, puis emprunter l'allée des Chênes à droite (*remarquer les houx, les chênes et les résineux d'un âge vénérable*), sur 300 m.

❹ Descendre par la sente à gauche.

▶ Elle devient le lit d'un ruisseau par temps humide.

À l'orée du bois, traverser le vignoble en direction du Sud-Est. Emprunter la petite route à gauche sur 200 m, puis un chemin de vigne à droite. Longer le haut du vallon. Les points de repère sont un arbre isolé puis la commune d'Ay. Laisser les puits d'aération et descendre par la route à droite jusqu'au champagne Ayala.

❺ Au carrefour, tourner à gauche, passer en lisière de la ville et continuer vers la D 201. Peu avant la route, remonter plein Nord à travers le vignoble.

❻ S'engager à droite sur le sentier du Vigneron. Il passe dans les vignes, puis monte à gauche et rejoint l'église de Mutigny.

❼ Tourner à gauche. À la mairie, poursuivre par la rue de Germaine, puis rejoindre à gauche la rue des Charmières jusqu'à l'orée du bois.

Reliefs de repas de l'écureuil. *Dessin P.R.*

Situation Mutigny, à 6 km au Nord-Est d'Épernay par la D 201

Parking bout de la rue des Charmières (orée du bois), au Nord-Ouest du village

Balisage blanc-rouge

Difficulté particulière
■ dénivelé important

Ne pas oublier

En chemin
■ Ay : fêtes Henri IV ; Institut international des vins de Champagne
■ Mutigny : sentier du Vigneron ; église XVIIe, point de vue sur la vallée de la Marne et la plaine champenoise

Dans la région
■ vallée de la Marne : rivière et canal latéral (haltes pédagogiques)
■ Champillon : marché du vin (mars)
■ Mareuil-sur-Ay : flâneries marotières (circuit de découverte du village)

L'appellation « montagne »

L'appellation « montagne » pour ce qui ne ressemble, de loin, qu'à une grosse colline en fait sourire plus d'un. Mais demandez aux cyclistes ce qu'ils en pensent lorsqu'ils attaquent la butte ! Entre la vallée et le massif forestier, le dénivelé avoisine les 200 mètres, et il faut mouliner pour serpenter entre les carrés de *galipes* (« vignes », en champenois) avant de gagner la douceur des premiers sous-bois. Après, c'est toujours aussi casse-pattes. Sur les hauteurs de cette barrière naturelle, sertie par le vignoble sur ses versants, semée d'un chapelet de villages blottis dans les escarpements, alternent les creux et les bosses. En marchant, on ne s'en aperçoit peut-être pas, mais les glaciers, il y a 15 000 à 20 000 ans, ont fait leur œuvre. Ils ont déterminé la trilogie de ce relief : talus calcaires, plateaux tabulaires couverts de limons faillés de vallons et plaines crayeuses.

L'église de Mutigny. *Photo P.M.P./P.N.R.M.R.*

Le canal latéral de la Marne

La Marne a joué un rôle important dans l'acheminement vers Paris des marchandises produites dans la région : craie, bois, tonneaux, etc. Mais elle est capricieuse parfois, et rudoie le batelier autant que son chargement. C'est pourquoi on l'a sagement doublée d'un canal. Construit entre 1840 et 1846, ce canal latéral à la Marne compte 15 écluses. Sur ce parcours long de 67 kilomètres, le dénivelé est de 34 mètres, pas moins.
Longeant le territoire du Parc naturel régional, cette voie navigable est empruntée tant par les péniches que par les plaisanciers. Le chemin de halage est lui aussi très fréquenté. En le suivant, les promeneurs peuvent tout savoir de l'histoire de l'ouvrage : son rôle économique, son environnement et les bourgades qu'il traverse. De Condé-sur-Marne à Damery, 41 haltes pédagogiques jalonnent cette promenade. Les rives du canal ont été aménagées, et des aires de pique-nique créées çà et là dans un cadre paysager. De quoi flâner intelligemment.

Halte pédagogique. *Photo P.M.P./P.N.R.M.R.*

Vers Mutigny. *Photo P.M.P./P.N.R.M.R.*

Le sentier du Vigneron

« Si juin fait le vin, août fait le goût. » À Mutigny, on connaît les dictons des vignerons transmis de génération en génération. Fruits de l'observation et du bon sens terrien, ces citations agrémentent 11 panneaux pédagogiques et ludiques plantés au beau milieu des ceps le long d'un sentier initiatique. Ils rappellent avec justesse que le champagne ne se résume pas au miracle de la cave quand se produit la prise de mousse : de la taille (réglementée) à la vendange (manuelle uniquement), c'est aussi et surtout un long travail à ciel ouvert par tous les temps. Sur ce sentier, on lit et on apprend en musardant et en admirant les panoramas. Par temps clair, du haut de Mutigny, on dénombre plus de 40 clochers à l'horizon.

Mascotte Léon. *Logo G.F.*

La boucle de Mutigny

Fiche pratique 7

1 h — 2,2 Km
240 m / 170 m

Au cœur du vignoble champenois, cette petite promenade ludique et culturelle bénéficie d'un splendide panorama sur la vallée de la Marne.

Situation Mutigny, à 6 km au Nord-Est d'Épernay par la D 201

Parking mairie

Balisage
❶ à ❸ jaune
❸ à ❶ blanc-rouge

❶ De la mairie, descendre par la rue Côte-de-Mai, vers le Sud. Au bout de la rue, tourner à droite vers l'Ouest, et poursuivre sur 150 m. À la fourche, prendre le chemin de gauche sur 250 m.

❷ Au carrefour, descendre à gauche vers la vallée de la Marne sur 350 m, couper la route et prendre le chemin à gauche.

Raisin. Dessin P.R.

❸ À l'intersection, continuer tout droit dans le vignoble sur 600 m, par une petite sente qui s'enfonce au cœur des vignes. Elle tourne à plusieurs reprises, puis débouche sur la route. L'emprunter à droite jusqu'à l'église de Mutigny.

❹ Tourner à gauche pour retrouver la mairie.

À voir

En chemin

■ balade fleurie de Mutigny (ouvert de Pâques à la Toussaint)
■ découverte du vignoble
■ points de vue sur la vallée de la Marne et la plaine champenoise
■ église XVIIe
■ sentier du Vigneron (visites guidées et balises installées de Pâques à la Toussaint, renseignements à la mairie, tél. 03 26 52 39 08)

Dans la région

■ Ay : Institut international des vins de Champagne
■ vallée de la Marne : rivière et canal latéral (haltes pédagogiques)
■ Mareuil-sur-Ay : flâneries marotières (circuit de découverte du village)

Étourneau sansonnet. Photo M.L.

35

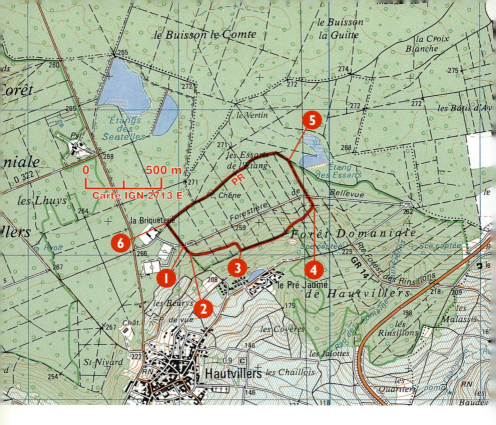

La forêt : propriété et gestion

Un bon bol de chlorophylle ? La Montagne de Reims vous offre 20 000 hectares d'une forêt dense et bien entretenue. Ce vaste domaine sylvicole, façonné naguère par des moines bûcherons, est géré aujourd'hui pour un tiers par l'Office national des forêts, le reste appartenant à des propriétaires privés. Si érables, chênes, frênes, merisiers, charmes, bouleaux, acacias et autres feuillus règnent ici en maîtres, on peut toutefois, au détour d'un chemin, tomber sur une pinède. Certains troncs très âgés portent des traces d'éclats d'obus. Ce n'est pas le fait des chasseurs, nombreux, mais des blessures de guerre. Ici, les hommes ne sont pas les seuls à avoir souffert des conflits à répétition.

Exploitation de la forêt. *Photo P.T./P.N.R.M.R.*

La boucle des Rinsillons

Fiche pratique 8

À deux pas de Hautvillers, berceau du champagne, cette forêt aux essences variées regorge de champignons à la saison.

1 h — 2,5 Km — 270 m / 200 m

Empreinte de chevreuil.
Dessin P.R.

❶ Longer l'aire de stationnement sur 30 m. L'entrée du sentier est marquée par un portique situé sur la droite. Le passer, s'orienter à droite, parcourir quelques dizaines de mètres, puis partir à gauche sur le sentier qui s'enfonce en sous-bois. Après 50 m, arriver à une fourche.

❷ Prendre l'embranchement de gauche orienté au Sud-Est, sur 200 m.

❸ Tourner à gauche (direction Est) et parcourir 500 m.

❹ Monter à gauche, couper la route forestière et continuer sur 300 m.

❺ À l'intersection, suivre le chemin principal à gauche sur 700 m.

❻ Virer à gauche et retrouver le parking.

Chevreuil. Photo M.L.

Situation Hautvillers, à 6 km au Nord-Ouest d'Épernay par les N 51 et D 386

Parking route forestière de Bellevue, à 800 m au Nord du village, par la D 386 (direction La Briqueterie)

Balisage
jaune

Difficulté particulière

■ ornières

Ne pas oublier

À voir

En chemin

■ parcours de santé
■ essences forestières variées

Dans la région

■ Hautvillers : village pittoresque (enseignes), église abbatiale XIIe-XVIIe (lambris, stalles XVIIIe), circuit de découverte de la commune
■ vignoble de Champagne
■ Saint-Imoges : marché aux puces (1er dimanche de septembre)

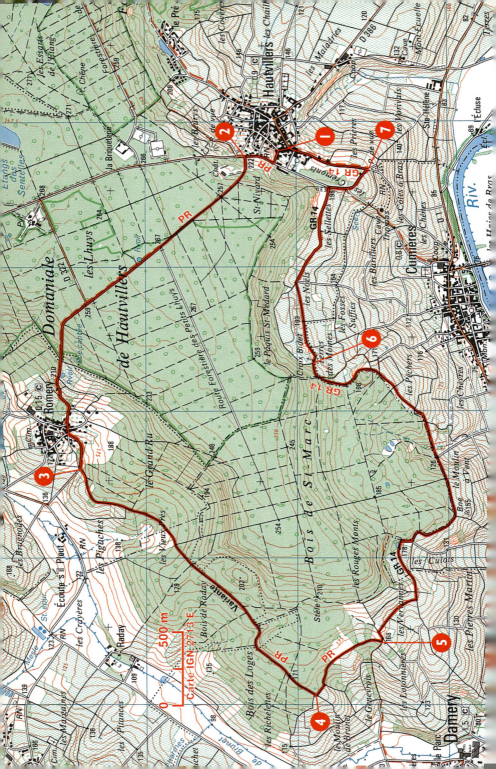

La boucle de la Forêt

Fiche pratique 9

Autour de Hautvillers et de Romery, cette boucle (appelée également circuit de Saint-Marc) entre vignoble et forêt jouit de beaux points de vue sur la vallée de la Marne tout en permettant de découvrir le patrimoine architectural local.

❶ À l'extrémité Ouest du village, prendre la rue de l'Aubrois vers le Nord sur 100 m, puis continuer par la D 386.

Patte antérieure de blaireau. Dessin P.R.

❷ Dans la montée, emprunter la route forestière à gauche. Elle traverse la forêt. Continuer par la route qui descend à Romery. Suivre la rue des Grappes-d'Or à gauche.

❸ À la sortie du village, s'engager sur le chemin à gauche. Il s'enfonce dans les bois de Saint-Marc, puis débouche à l'orée de la forêt.

❹ Au carrefour situé en lisière, tourner à gauche et atteindre une intersection.

❺ Monter par le chemin à gauche (Est). Il traverse les vignes, puis longe les bois (*point de vue sur Cumières*).

❻ Passer le calvaire de la Croix-Bidet et parcourir le vignoble en gardant la direction Est. Continuer par la route sur 800 m. Au carrefour, prendre la route à droite et gagner le point de vue des Prières.

Patte postérieure de blaireau. Dessin P.R.

❼ Emprunter la route à gauche (Nord) et rejoindre Hautvillers par la rue de la Croix-de-Fer.

Empreintes et terrier de blaireau. *Dessin P.R.*

3 h — 11,5 Km

267 m / 126 m

Situation Hautvillers, à 6 km au Nord-Ouest d'Épernay par les N 51 et D 386

 Parking place du village

 Balisage
 ❷ à ❺ jaune
 ❺ à ❷ blanc-rouge

 Difficultés particulières

■ descentes glissantes par temps humide

Ne pas oublier

 À voir

En chemin

■ Hautvillers : village pittoresque (enseignes), église abbatiale XIIe-XVIIe (lambris, stalles XVIIIe), circuit de découverte de la commune
■ forêt domaniale de Hautvillers
■ vignoble de Champagne
■ points de vue sur la vallée de la Marne

Dans la région

■ Cumières : marché de Noël
■ vallée de la Marne : rivière et canal latéral (haltes pédagogiques)

Hautvillers

C'est le nez en l'air qu'il faut arpenter Hautvillers. Suspendu au flanc du coteau, ce village pittoresque, fleuron du patrimoine architectural régional, égrène des richesses qui ébahissent le visiteur le plus averti. Chaque ruelle, chaque maison retient l'attention. Entre ciel et terre, 150 enseignes dans le style d'autrefois évoquent les métiers locaux.

L'abbaye de Hautvillers – dont les grimoires attribuent la fondation à saint Nivard et à son disciple Berchaire – recèle quant à elle des reliques et quelques légendes. Moins parce qu'elle a servi de refuge aux habitants de la vallée de la Marne qu'en raison de ses liaisons intimes avec le vignoble. Elle en aurait tiré de substantiels privilèges, à partir du XVIIIe siècle, lorsque la production de vin connut une grande effervescence avec la mise au point du champagne par Dom Pérignon. En effet, la légende attribue à l'intendant de l'abbaye la fameuse méthode qui fera de Hautvillers le berceau du roi des vins.

Enseigne à Hautvillers. *Photo P.M.P./P.N.R.M.R.*

Flots d'or

Entre l'embarcadère de Cumières et le pont de Damery, la Marne dessine des méandres aux reflets d'argent où vogue parfois un surprenant bateau à aube. Mais, à l'automne, ce sont des flots d'or, en forme de grappes dodues de pinot noir, de meunier ou de chardonnay, qui dévalent en cascade les pentes abruptes de cette vallée bénie des cieux. Le soleil et le terroir sont au rendez-vous, hissant les grands crus aux premières loges et conférant au vignoble le plus septentrional de France une notoriété et une richesse enviées dans le monde entier.

Au total, l'appellation champagne représente, bon an mal an, près de 300 millions de bouteilles vendues, dont une bonne part à l'exportation. Avec 15 000 viticulteurs et d'importantes industries connexes, l'activité occupe une place prédominante dans l'économie régionale. C'est aussi et surtout un fabuleux atout touristique drainant des milliers de visiteurs dans les caves d'Épernay et de Reims, ainsi que dans les celliers de 320 villages viticoles accueillants regroupés dans six micro-régions de l'AOC.

La vallée de la Marne. *Photo P.M.P./P.N.R.M.R.*

La boucle du Brunet

Fiche pratique 10

La vallée du Brunet – qui doit son nom à la couleur de sa terre – dévoile ses « trésors » à ceux qui empruntent les chemins de traverse.

1 De la place Ernest-Lambert, prendre l'allée urbaine bordée d'arbres vers l'Est. Tout au bout, suivre la route à gauche (Nord) sur 500 m. Au carrefour, emprunter la route qui monte à droite et continuer par le chemin jusqu'à une intersection.

2 Prendre le chemin à gauche sur 600 m et atteindre un croisement à l'orée du bois.

3 S'engager à droite dans le layon (barrière) qui s'enfonce en sous-bois. Parcourir 2 km par le chemin en ligne droite dans les bois de Saint-Marc, déboucher entre bois et vignes, puis prendre la route à droite pour gagner Romery. Continuer par la rue des Grappes-d'Or.

4 Suivre à gauche la rue des Gais-Hordons. Au croisement, continuer au Nord et, aux bâtiments d'exploitation viticole, bifurquer à gauche. Franchir le vallon des Sentelles et remonter à travers les vignes.

5 À l'intersection, se diriger à gauche sur 150 m, puis grimper à droite jusqu'à la lisière du bois. La longer à gauche pour contourner le village de Cormoyeux par l'Est. Passer à gauche devant un chalet de bois, puis emprunter la route à gauche sur 50 m.

6 Continuer tout droit par la sente dans le vignoble sur 800 m. À l'orée du bois, tourner à droite, puis prendre la D 22 à gauche sur 300 m. La traverser (*prudence*). Emprunter le chemin qui s'enfonce dans le bois à droite, sur 1 km. Au carrefour, suivre le chemin à gauche (Sud) sur 1,3 km et entrer dans Fleury-la-Rivière par la rue du Bourg-de-Vesles. Au rond-point pavé, tourner à droite dans la rue du Chauffour.

7 S'engager sur la sente à gauche, puis monter par le chemin à droite sur 700 m. Partir à gauche avant de s'enfoncer dans le bois à droite, et arriver sur le plateau. Longer la lisière du bois à gauche sur 500 m puis, sous les lignes électriques, se diriger à gauche et descendre à travers bois jusqu'à un large virage.

8 Dans l'épingle du virage, laisser le chemin à droite et continuer la descente par le GR® 14. Traverser la D 22a (*prudence*). La suivre à droite sur 200 m, puis partir à gauche dans le vignoble et retrouver Damery.

5 h — 17 Km
259 m / 80 m

Situation Damery, à 10 km à l'Ouest d'Épernay par les N 51 et D 1

Parking place Ernest-Lambert, au Nord de la mairie

Balisage
1 à 2 blanc-rouge
2 à 8 jaune
8 à 1 blanc-rouge

Difficultés particulières

■ dénivelé et ornières (bonnes chaussures recommandées)
■ traversées de la D 22

Ne pas oublier

À voir

En chemin

■ Damery : église XIIe-XIIIe, allée de platanes classée monument historique
■ vues sur la vallée du Brunet
■ Fleury-la-Rivière : fresque de la coopérative viticole (réalisée par Greg Gawra), architecture locale

Dans la région

■ Épernay : caves de Champagne
■ vallée de la Marne : rivière et canal latéral (haltes pédagogiques)

Fleury-la-Rivière

Pour qui veut prendre la mesure de l'architecture champenoise, Fleury-la-Rivière est assez exemplaire. Sans remonter à l'habitat troglodytique installé dans le tuffeau (calcaire crayeux) de Damery, le village se caractérise par trois époques de construction différentes, bien lisibles.

L'enchevêtrement des bâtisses s'étirant des deux côtés de l'artère centrale est antérieur à 1860. De hauts murs courent le long de cette rue où les décrochements, nombreux, évitent toute monotonie. Les porches monumentaux, dont les plus anciens sont en anse de panier, sont longtemps restés fermés au passant.

Ancien habitat troglodytique. Photo P.M.P./P.N.R.M.R.

Aujourd'hui, on peut apercevoir derrière ces *chartils* – comme on les appelle ici – les cours pavées autour desquelles s'organisent le logis, le pressoir et le cellier du vigneron. Certaines maisons adossées à la falaise transforment en cul-de-sac les ruelles adjacentes. Au Nord du village, les maisons du milieu du XIXe siècle au milieu du XXe ne sont plus liées entre elles ; le « bout de la ville » est, lui, de facture plus récente.

La vallée du Brunet

La Montagne de Reims est comparable à un mille-feuille géologique où la craie serait la farine de base. Celle-ci forme le socle solide sur lequel s'empilent, selon les secteurs, des strates d'argiles, de sables, de marnes. Les hommes ne s'y sont pas trompés lorsqu'ils ont nommé les lieux au gré des activités pratiquées ou selon la nature du sol. Ainsi, au Sud-Ouest du Parc, dans la vallée du Brunet, on trouve quelques Brunets ou Brugnoles, en référence à la couleur brune de la terre, riche et fertile, venue se déposer sur une couche calcaire formée à l'époque du lutétien marin (il y a 40 à 45 millions d'années). Aussi étonnant qu'il puisse paraître, ce mot du vocabulaire géologique trouve son origine dans Lutèce, l'ancien nom de Paris. Cette remarque prend tout son sel quand on sait que de nombreux scientifiques ont étudié la formation géologique du Bassin parisien à partir de leurs observations marnaises !

La vallée du Brunet. *Photo P.M.P./P.N.R.M.R.*

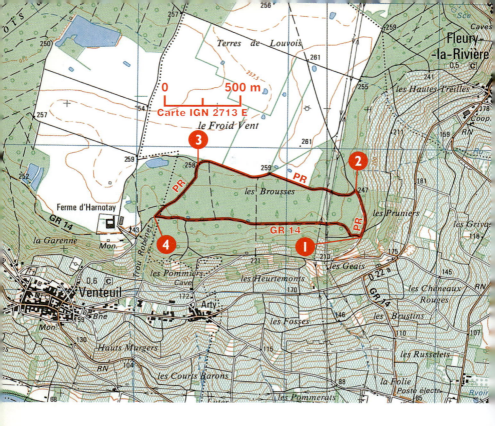

Pâtis en danger

Plantés en 1867 entre Damery et La Chaussée-de-Damery et classés « monument historique » depuis 1943, les 140 platanes, au port toujours fringant, forment une superbe haie d'honneur. Ce site date de l'époque où l'on a reconstruit et inauguré en grande pompe le pont de la Fosse-Tournisse, qui enjambe la Marne.

Mais Damery, c'est aussi ses pâtis, qui s'avèrent les mieux conservés de la Montagne de Reims. Il s'agit d'anciennes zones de pâturage, situées dans la forêt de l'arrière-pays, où les habitants emmenaient leurs animaux et les laissaient en semi-liberté.

Landes. *Photo Geogram.*

Cette pratique remontant au Moyen Âge a eu un impact sur le milieu biologique, car elle a favorisé le développement d'une végétation typique où dominent résineux, landes, broussailles, etc.

La boucle des Pâtis de Damery  11

De nombreuses mares agrémentent cette petite boucle agréable à parcourir en famille.

1 h 30 — 3,5 Km

Situation Damery, à 10 km à l'Ouest d'Épernay par les N 51 et D 1

 Parking accessible par la D 22a (entre Venteuil et Fleury-la-Rivière), à 2 km au Nord du bourg

 Balisage
❶ à ❹ jaune
❹ à ❶ blanc-rouge

 Difficultés particulières

■ ornières et mares par temps humide

Ne pas oublier

Bouleau verruqueux : feuilles, chatons et fruit. *Dessin P.R.*

 **À voir**

 En chemin

■ vue sur la vallée de la Marne
■ sous-bois et mares

 **Dans la région**

■ Fleury-la-Rivière : fresque de la coopérative viticole (réalisée par Greg Gawra), architecture locale
■ Damery : église XIIe-XIIIe, allée de platanes classée monument historique
■ vallée de la Marne : rivière et canal latéral (haltes pédagogiques)

❶ Prendre le chemin qui longe le parking et monte au Nord, sur 300 m.

❷ Emprunter le layon à gauche et laisser les deux layons partant vers le Sud.

❸ À la petite clairière, obliquer sur le chemin à gauche (Sud-Ouest) et le suivre sur 500 m.

❹ Au carrefour, prendre le chemin à gauche (Est) et retrouver le parking.

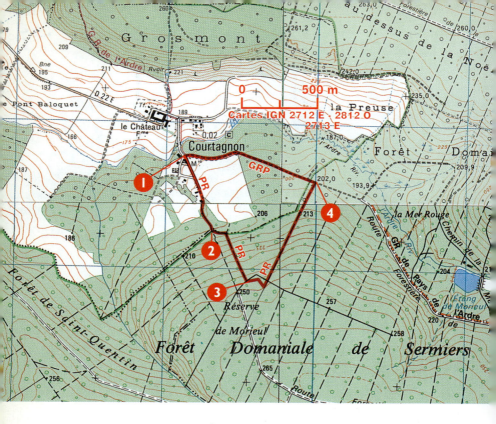

À la trace

De nombreux animaux vivent dans le Parc naturel régional de la Montagne de Reims. Par leur faculté à se fondre dans le décor, ils feraient presque oublier leur présence : à l'instar du chat sauvage, dont on voit rarement la pointe des oreilles, ils sont là, tapis derrière les feuillages ou à l'abri de leurs cachettes. Avec un peu d'attention, il est cependant facile de repérer leurs traces : empreintes, reliefs de repas, excréments ou bien encore végétaux rongés, écorcés ou broutés. Le sanglier est le plus facile à identifier. Ses empreintes conduisent bien souvent jusqu'à son « gratte-dos » : après son bain de boue pris dans une flaque, il s'impose une bonne séance de décrassage contre un arbre, quitte à en déformer le tronc tant cette toilette est tonique.

Sanglier. *Photo M.L.*

La boucle du Cadran

Fiche pratique 12

Cette courte balade passe par la forêt domaniale de Sermiers, où les chênes ont la part belle.

❶ Suivre la rue de la Ruelle, longer un verger, puis prendre la rue des Chaillaux. Continuer en sous-bois et franchir le ruisseau à gué.

❷ À l'embranchement, se diriger à gauche. Le chemin se fait sinueux et plus étroit sur 500 m, puis il s'élargit et grimpe en lisière de grands chênes qui délimitent la forêt. L'allée s'achève par un gros chêne.

Chêne pubescent (présent sur le flanc Sud du PNR).
Dessin P.R.

❸ Tourner à gauche. Après un ample virage à droite, déboucher sur une croisée de chemins. Descendre à gauche par un chemin peu marqué.

❹ En bas, suivre la route forestière, marquée par une barrière, à gauche. Le chemin quitte la forêt et rejoint Courtagnon.

Chêne pédonculé. Dessin P.R.

Situation Courtagnon, à 20 km au Sud de Reims par les N 51, D 26, D 22 et D 22E

Parking mairie

Balisage
❶ à ❹ jaune
❹ à ❶ jaune-rouge

Difficultés particulières
■ gué entre ❶ et ❷
■ ornières (bonnes chaussures recommandées)

Ne pas oublier

À voir

En chemin
■ chênes
■ vallée de l'Ardre

Dans la région
■ Pourcy : Maison du Parc (exposition ouverte de Pâques au 11 novembre), verger-conservatoire et mare pédagogique
■ Nanteuil-la-Forêt : centre botanique de la Presle

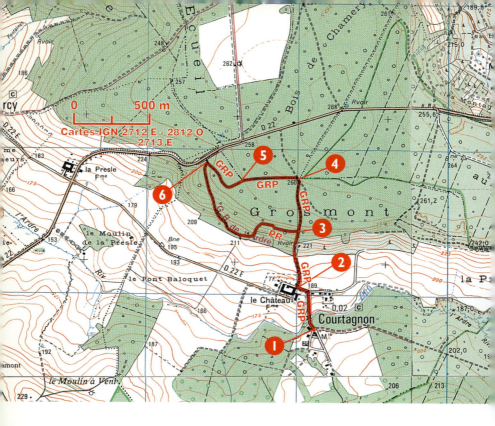

La fine flore

Feuilles de palmiers ou de palétuviers ont laissé leur empreinte dans les sédiments, témoins du climat tropical qui régnait il y a quelques millions d'années. La flore de la Montagne de Reims s'est renouvelée depuis, bénéficiant d'un microclimat chaud et sec. Au carrefour des influences océanique, continentale et subméditerranéenne, cette végétation est très diversifiée, et compte même quelques espèces montagnardes.

Ainsi, la jacinthe des bois cohabite avec le daphné, ou bois-joli, et l'iris fétide croise la céphalanthère rouge. La forêt forme un lit végétal où viennent pousser ces nombreuses plantes, les plus élégantes étant les orchidées sauvages (orchis bouc ou orchis militaire, ophrys abeille ou ophrys mouche), à toucher des yeux uniquement.

Ophrys abeille. *Photo M.L.*

La boucle du Gros Mont

Fiche pratique 13

1 h 10 — 3,5 Km

Au départ de Courtagnon, petit village de la vallée de l'Ardre, cette courte promenade à travers bois est ponctuée de petites ascensions.

❶ De la mairie, prendre la route d'accès, franchir l'Ardre et arriver près de la ferme du Château.

❷ Monter vers la forêt à travers les vignes. Passer un calvaire et arriver à une intersection en lisière.

❸ Laisser le chemin à gauche, monter à droite sur quelques mètres, puis s'engager à gauche, sous les arbres, sur un chemin dont l'entrée est peu visible. Le suivre sur 400 m.

❹ Au croisement de cinq chemins, emprunter celui de gauche sur 350 m.

❺ Quitter le chemin principal, qui tourne lentement sur la droite, et s'enfoncer dans les broussailles sur la gauche (*bien suivre le balisage*). Parcourir ainsi 400 m et arriver à proximité de la D 22.

❻ Laisser le GR® de Pays continuer au Nord pour faire quasiment demi-tour à gauche, vers le Sud. Descendre à travers bois, puis longer la lisière de la forêt sur 200 m, avant de remonter en sous-bois à gauche.

▶ La montée est glissante (*prudence*).

Poursuivre à droite sur 250 m et retrouver l'intersection de la montée.

❸ Descendre à droite, sortir de la forêt et rejoindre la mairie de Courtagnon.

Hêtre. *Dessin P.R.*

Situation

Courtagnon, à 20 km au Sud de Reims par les N 51, D 26, D 22 et D 22E

Parking
mairie

Balisage

- ❶ à ❻ jaune-rouge
- ❻ à ❸ jaune
- ❸ à ❶ jaune-rouge

Difficulté particulière

- pente glissante par endroits

Ne pas oublier

À voir

En chemin

- forêt
- vallée de l'Ardre

Dans la région
- Pourcy : Maison du Parc naturel régional de la Montagne de Reims (exposition ouverte de Pâques au 11 novembre), verger-conservatoire et mare pédagogique
- Nanteuil-la-Forêt : centre botanique de la Presle

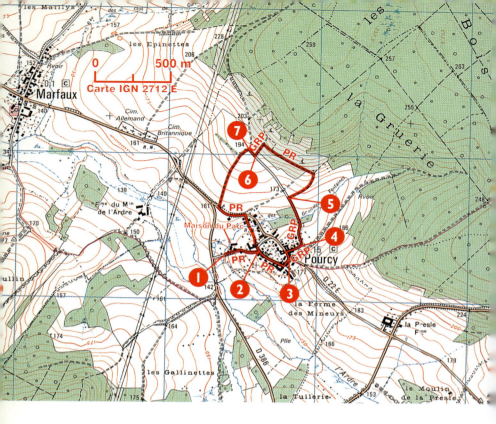

La Maison du Parc

La Maison du Parc à Pourcy, pensée par son architecte, Hervé Bagot, comme une ferme de l'an 2000, a reçu le prix de la première œuvre du *Moniteur*. Marquant une rupture avec le passé – par sa modernité et par les matériaux utilisés –, elle reste toutefois intégrée aux fermes alentour.

La Maison du Parc abrite le siège administratif du Parc naturel régional ainsi qu'un bureau d'accueil et d'information des visiteurs où règne une grande activité pédagogique autour de la défense du patrimoine naturel champardennais. Dans le verger conservatoire, 25 espèces d'arbres fruitiers issus de la région permettent de (re)découvrir, entre autres, la poire rousselet ou la poire girofle. Par ailleurs, une mare pédagogique abrite batraciens, libellules et autres dytiques.

Mare pédagogique. *Photo L.L.T./P.N.R.M.R.*

La boucle de Pourcy

 **14**

Les hauts de Pourcy, où se trouve la Maison du Parc naturel régional de la Montagne de Reims, offrent un remarquable point de vue sur la vallée de l'Ardre.

Situation Pourcy, à 20 km au Sud de Reims par les N 51, D 26, D 22 et D 22E

❶ De l'aire de stationnement, suivre la rue à gauche pour remonter vers le village.

Parking Maison du Parc

❷ Au croisement, passer à droite devant la mairie et, au bout de la rue des Écoles, tourner à gauche et traverser la place.

 Balisage

❶ à ❸ jaune
❸ à ❺ jaune-rouge
❺ à ❻ jaune
❻ à ❼ jaune-rouge
❼ à ❷ jaune

❸ Emprunter la D 22E à gauche sur quelques mètres, puis s'engager à droite sur le chemin des Vignes.

❹ Au premier embranchement, face à une maison (tour), s'orienter vers la gauche pour longer une pâture. Le chemin au revêtement bétonné descend puis franchit le ruisseau des Grandes-Fontaines, avant de remonter sur 100 m.

 Difficulté particulière

■ ornières

❺ Tourner à droite en direction des hauteurs de la Gruerie. Aux deux embranchements suivants, prendre le chemin de gauche et déboucher sur un chemin à flanc de coteau.

Ne pas oublier

❻ Le suivre à droite (*les toits de Pourcy sont visibles sur la gauche*).

 **À voir**

❼ Au bout, descendre par le chemin à gauche, puis longer une haie de thuyas et un court de tennis. En bas, prendre la D 22E à gauche. Juste avant un sévère virage, s'engager à droite dans la sente de la Rosière qui monte à l'église, puis rejoindre le cimetière.

En chemin

■ Pourcy : Maison du Parc (exposition ouverte de Pâques au 11 novembre), verger-conservatoire et mare pédagogique
■ point de vue

Poire rousselet. *Dessin P.R.*

Dans la région

❷ Prendre à droite le chemin de Nanteuil, qui ramène à la Maison du Parc.

■ églises romanes de la vallée de l'Ardre
■ Nanteuil-la-Forêt : centre botanique de la Presle

53

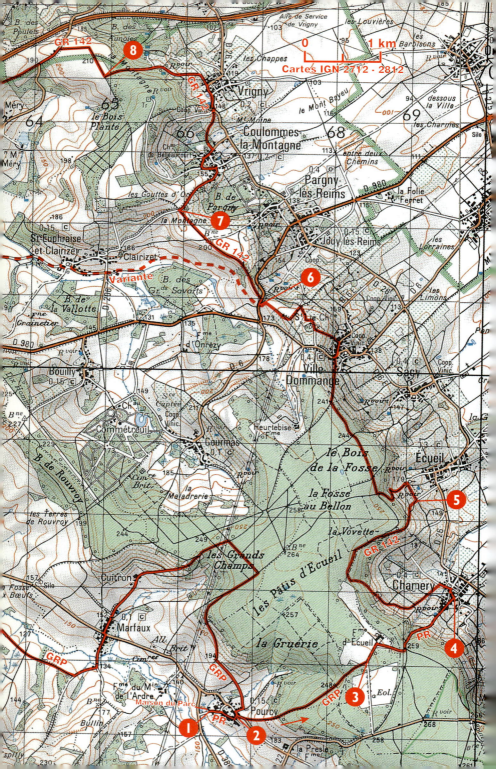

La boucle de l'Ardre

Fiche pratique 15

Cette grande boucle, qui traverse les hauteurs boisées et longe la haute vallée de l'Ardre, se caractérise par la variété de ses paysages et la richesse de son patrimoine architectural et historique.

▶ Deux journées sont nécessaires pour parcourir cette boucle. Avant de partir, se renseigner sur les possibilités d'hébergements auprès de la Maison du Parc.

❶ De l'aire de stationnement, rejoindre le GRP® de l'Ardre en suivant la rue à gauche. Longer la mairie, puis tourner à gauche et traverser la place.

❷ Prendre la D 22E à droite sur 50 m, puis le chemin qui monte à gauche. Il s'élève dans la forêt avant d'atteindre une intersection, sur le plateau.

❸ Quitter le GRP® de l'Ardre et continuer tout droit vers la ferme d'Écueil. Tourner à droite et descendre par le chemin empierré jusqu'à Chamery.

❹ À l'église, tourner à gauche et, à la sortie du village, prendre le chemin à gauche. Il monte dans les vignes et rejoint la forêt. Presque en haut, tourner à droite (Nord), puis descendre par le chemin de vignes.

Pic-vert.
Dessin P.R.

❺ Avant Écueil, tourner à gauche et, à l'église, remonter à gauche dans la forêt. À la croisée des chemins, se diriger à droite (Nord) sur 1 km, puis descendre dans Ville-Dommange. Au deuxième carrefour, s'engager à gauche sur le chemin qui mène à la chapelle Saint-Lié. Tourner à droite (Nord). À l'intersection, monter à gauche, puis redescendre à droite et gagner un croisement juste avant la D 980.

▶ Variante (*circuit total de 35 km ; balisage blanc-rouge*) : au croisement, prendre le chemin à gauche, couper la D 980 et descendre dans le vallon ; traverser Saint-Euphraise, continuer par la route et gagner Aubilly ; passer devant l'église, poursuivre par le chemin en direction Ouest et atteindre une intersection (repère ❾).

[...]

10 h **40 Km** 260 m / 100 m

Situation Pourcy, à 20 km au Sud de Reims par les N 51, D 26, D 22 et D 22E

Parking Maison du Parc

Balisage

❶ à ❷ jaune
❷ à ❸ jaune-rouge
❸ à ❹ jaune
❹ à ❿ blanc-rouge
❿ à ❷ jaune-rouge

⚠ **Difficultés particulières**

■ étape longue (prévoir deux véhicules pour couper le circuit en deux étapes de 20 km – en laisser un à l'arrivée et un au départ de chaque étape, ou prévoir un taxi à mi-parcours pour se rendre à un hébergement)
■ dénivelé
■ ornières (bonnes chaussures recommandées)
■ pour connaître la liste des hébergements, s'adresser au Parc naturel régional de la Montagne de Reims (voir page 8)

Ne pas oublier

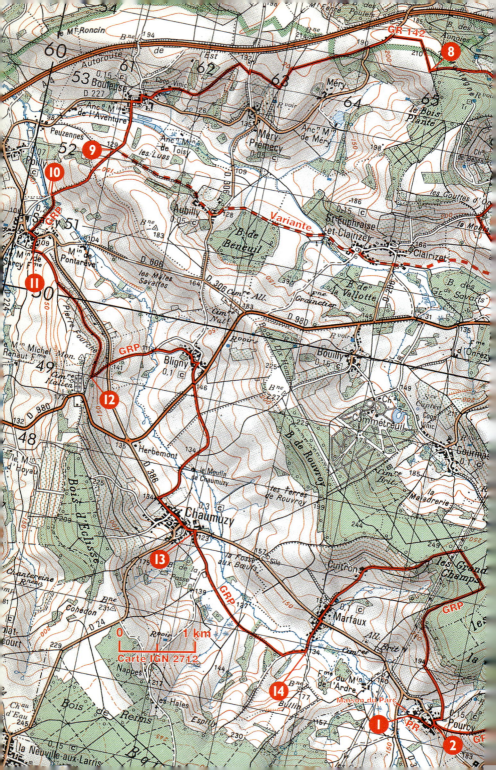

6 Continuer tout droit, couper la D 980, passer la butte des Monts-Coupés et déboucher sur une route.

7 Descendre par la route à droite jusqu'à Coulommes-la-Montagne. À l'église, emprunter la D 26E à droite sur 150 m et s'engager sur le chemin à gauche. Gagner l'église de Vrigny et prendre la rue à gauche. Au lavoir, bifurquer à gauche et monter à gauche à travers le vignoble et le bois, sur 1 km. Atteindre une intersection sur le plateau.

8 Prendre le chemin à droite, la D 227 à gauche sur 200 m, puis la sente à droite. Elle descend à gauche vers Méry-Prémecy. Avant le village, partir à droite, couper la route vers la gauche, puis descendre à gauche et traverser Bouleuse. À la sortie du village, emprunter le chemin à gauche et arriver à une intersection.

9 Continuer tout droit, franchir le mont de Bouleuse et atteindre la vallée de l'Ardre.

10 Partir à gauche, franchir le pont sur l'Ardre et gagner Sarcy. Prendre la rue de la Sous-Préfecture à gauche, passer le lavoir et tourner à droite dans la rue du Faubourg.

11 Au bout, s'engager à gauche sur le chemin encaissé qui grimpe vers la montagne de Bligny et poursuivre à flanc dans les vignes sur 1 km.

12 Juste avant le cimetière italien, descendre en angle aigu à gauche, couper la D 386 et poursuivre par la route jusqu'à Bligny. Après la mairie, prendre la rue à droite, traverser la D 980 et continuer par la route qui franchit l'Ardre. Emprunter la D 386 à gauche et passer dans Chaumuzy.

13 À la sortie du village, bifurquer sur la route à droite et poursuivre par le chemin le long de la vallée sur 2 km. À la corne du bois, descendre par le chemin à gauche et atteindre un croisement.

14 Prendre la route à gauche, franchir l'Ardre et traverser Marfaux. Continuer tout droit par la route qui monte vers la forêt. Après Cuitron, grimper dans les vignes puis dans le bois. Passer sous une ligne électrique et se diriger à droite sur 500 m. À l'intersection, tourner de nouveau à droite, puis descendre à gauche. Bifurquer à gauche pour enjamber le ruisseau des Grandes-Fontaines et retrouver Pourcy.

2 Rejoindre à droite la Maison du Parc.

En chemin

■ Pourcy : Maison du Parc naturel régional de la Montagne de Reims (exposition ouverte de Pâques au 11 novembre), verger-conservatoire et mare pédagogique
■ Chamery : église romane
■ vignoble de Champagne
■ Ville-Dommange : église romane
■ Saint-Lié : chapelle romane (vierge XVe surmontant le portail)
■ Coulommes-la-Montagne : église romane
■ cimetières militaires français, allemands et italien
■ Marfaux : église romane

Dans la région

■ Lagery : halle couverte
■ églises romanes de la vallée de l'Ardre (renseignements au Parc naturel régional de la Montagne de Reims)
■ Reims : ville des sacres, cité historique riche en monuments, caves de champagne

Les églises romanes de l'Ardre

L'Ardre a façonné les paysages qu'elle traverse, semant dans sa nonchalante vallée des villages que dominent de solides clochers. Carrés pour la plupart, ces clochers sont surmontés d'un toit à deux pentes dit « à bâtières » : vous les reconnaîtrez au premier coup d'œil. Pour les bâtir, on a extrait sur place une roche calcaire râpeuse, résistante au temps ; on retrouve cette pierre, si chaude à la lumière, dans de nombreux édifices romans des Xe, XIe et XIIe siècles.

La chapelle Saint-Lié, Ville-Dommange.
Photo P.M.P./P.N.R.M.R.

Tout droit inspirés des plans des basiliques romaines à trois nefs, ces petits chefs-d'œuvre de la vallée de l'Ardre, d'une apparente homogénéité architecturale, recèlent tous des curiosités à découvrir : là, un chapiteau ouvragé, ici une fresque murale, ailleurs un bas-relief ou de discrètes têtes sculptées. Disséminées dans le Tardenois et ses environs, 34 églises d'allure rustique attendent que vous franchissiez leur sobre portail.

Bataillons de croix

Baïonnette au fusil, vareuse, casque en tôle et bras levé : les poilus de 14-18 représentés sur les monuments aux morts semblent sortir tout droit des tranchées. Une loi de 1919 accompagnée de subventions a permis aux communes de rendre un hommage ciselé dans le bronze ou la pierre aux « héros morts pour la France ». Les communes du Parc naturel régional de la Montagne de Reims entretiennent ces stèles, devenues si familières qu'on en oublie parfois leur existence. Elles apportent le même soin

Cimetière militaire, Marfaux.
Photo P.M.P./P.N.R.M.R.

aux modestes croix de bois qui peuplent, par milliers, les silencieux cimetières militaires de la région. Soldats français, italiens, anglais, allemands, etc., forment ces bataillons de victimes tombés sous le déluge de feu des deux batailles de la Marne. En septembre 1914, puis à nouveau en mai 1918, les promontoires de la Montagne de Reims furent si âprement convoités que le sang des belligérants marqua à jamais cette terre de combats. Ils reposent ensemble, en paix.

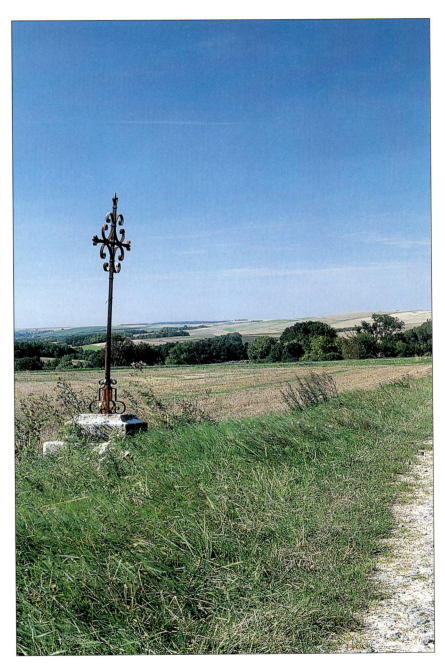
Calvaire entre Bligny et Chaumuzy. *Photo P.M.P./P.N.R.M.R.*

EXCLUSIF

La RandoCarte :
un signe de reconnaissance pour randonner en toute sécurité

- une assurance spéciale « randonnée »
- une assistance 24 h/24 et 7 j/7 en France comme à l'étranger
- des avantages quotidiens pour vous et vos proches
- un soutien à l'action de la FFRP et aux bénévoles qui balisent et entretiennent vos sentiers de Grande Randonnée et de Promenades et Randonnées

Vous désirez en savoir plus sur les garanties et les avantages de la RandoCarte ? Pour recevoir une documentation détaillée et une proposition d'adhésion, téléphonez vite au

01 44 89 93 93
(du lundi au samedi entre 10 h et 18 h)

...ou rendez-nous visite sur notre site Internet
http://www.ffrp.asso.fr

Vous pourrez ainsi réfléchir sur les conditions d'accès à la RandoCarte et décider en toute liberté.

A très bientôt !

Fédération **F**rançaise de la **R**andonnée **P**édestre

Pour découvrir la France à pied®

Vous venez de découvrir un topo-guide de la collection « Promenade et Randonnée ». Mais savez-vous qu'il y en a plus de 200, répartis dans toute la France, à travers...

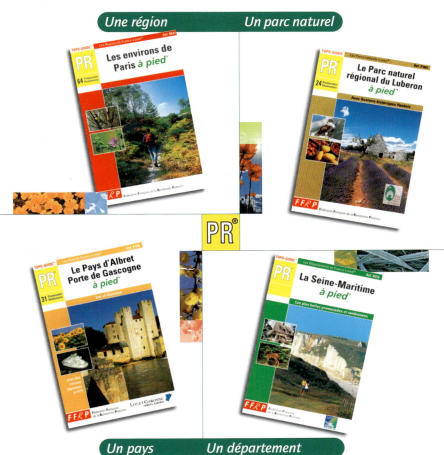

Pour choisir le topo-guide de votre région ou celui de votre prochaine destination vacances, demandez le catalogue gratuit de toute la collection au
Centre d'Information de la Randonnée 14, rue Riquet - 75019 Paris - tél. : 01 44 89 93 93

ou consultez le site
www.ffrp.asso.fr
Les nouvelles parutions y sont annoncées tous les mois

RÉALISATION

La création des itinéraires a été assurée par les associations et les bénévoles affiliés au Comité départemental de la randonnée pédestre de la Marne et le Parc naturel régional de la Montagne de Reims.

Le balisage des chemins est assuré par le Comité départemental de la randonnée pédestre (CDRP) de la Marne – et les association affiliées – et le Parc naturel régional de la Montagne de Reims.

La description des itinéraires a été effectuée par le Comité départemental de la randonnée pédestre de la Marne et le Parc naturel régional de la Montagne de Reims.

Les textes thématiques ainsi que le texte de présentation du Parc naturel régional de la Montagne de Reims ont été rédigés par Philippe Schilde (agence Phil) et le Parc naturel régional de la Montagne de Reims.

Les photographies et cartes postales proviennent pour partie de la photothèque du Parc naturel régional de la Montagne de Reims (P.N.R.M.R.). Elles ont été réalisées par Luc Le Thorel (L.L.T./P.N.R.M.R.), Pierre-Marie Poulain (P.M.P./P.N.R.M.R.), Philippe Tourtebatte (P.T./P.N.R.M.R.). Les autres photographies proviennent des collections de Daniel Bestel (D.B.), Bernard Guerre (B.G.), Michel Lefèvre (M.L.), Pascal Rougier (P.R.), de Geogram, du Phare de Verzenay en Champagne, de la Société des Sciences, Arts et Histoire d'Épernay et sa Région, Collection Commune de Trépail (S.S.A.H.E.R.) pour la photographie de spéléologie.
La mascotte Léon (p. 34) a été réalisée par Georges Flieller, graphiste à Sens Ludique.

Les illustrations naturalistes sont de Pascal Robin (P.R.).

La coordination de l'édition a été assurée sur place par Pierre-Marie Poulain, chargé de mission Tourisme du Parc naturel régional de la Montagne de Reims.

Montage du projet et direction des collections : Dominique Gengembre. Coordination éditoriale : Juliette Blanchot. Secrétariat d'édition : Juliette Blanchot, Nicolas Vincent. Suivi de fabrication : Jérôme Bazin. Correction/lecture des descriptifs : Marie-France Helaers. Cartographie : Frédéric Luc, Christine Leininger. Cartes de couverture : Noël Blotti. Mise en pages : Christine Leininger. Comité de lecture : Brigitte Bourrelier, Jean-Pierre Feuvrier, Élisabeth Gerson, Anne-Marie Minvielle, Marie-Hélène Pagot et Gérard Peter.

Création maquette : Florence Bouteilley, Isabelle Bardini – Marie Villarem, FFRP. Les pictogrammes et l'illustration du balisage ont été réalisés par Christophe Deconinck, excepté les pictogrammes de jumelles, de gourde et de lampes de poche, qui sont de Nathalie Locoste.

Cette opération a été réalisée avec le concours financier de la Fédération française de la randonnée pédestre, du Conseil général de la Marne, du Conseil régional Champagne-Ardenne, de l'État et du Parc naturel régional de la Montagne de Reims.

Parc naturel régional de la Montagne de Reims

BIBLIOGRAPHIE ET CARTOGRAPHIE

- Grasso P., Marx O., *Les faux de Verzy*, éd. ORCCA.
- Michel M.-D., *Des orchidées près de chez vous*, éd. Parc naturel régional de la Montagne de Reims.
- Michel M.-D., *Les oiseaux de proie ne sont pas ceux que l'on croit*,
  éd. Parc naturel régional de la Montagne de Reims.
- Pelle S., *Guide géologique de la Montagne de Reims. Carrière de Mailly-Champagne*,
  éd. Parc naturel régional de la Montagne de Reims.
- Thubé F., *Les belles empoisonneuses*, éd. Parc naturel régional de la Montagne de Reims.
- Thubé F., *Re-connaître les arbres*, éd. Parc naturel régional de la Montagne de Reims.
- Tourtebatte Ph., *Promenade dans l'art roman en Champagne*,
  éd. Parc naturel régional de la Montagne de Reims.
- Zeller M.-A., *Avenay-Val-d'Or, de la gare à la gare. Découverte de la commune*,
  éd. CRDP Reims et Parc naturel régional de la Montagne de Reims.

Les extraits de carte reproduits proviennent des cartes IGN au 1 : 25 000 :
2712, 2712 E et O, 2713 E et O, 2812, 2812 E et O, 2813 O.
- *Carte touristique du Parc naturel régional*, éd. IGN.

Pour connaître la liste des autres topo-guides de la FFRP sur la région, se reporter au catalogue disponible au Centre d'Informations (voir « Où s'adresser ? », page 8).

INDEX DES NOMS DE LIEUX

A
- Ardre (vallée de l') 49, 51
- Avenay-Val-d'Or 27
- Ay 31

B
- Brunet (vallée du) 43

C
- Chamery 55, 57
- Coulommes-la-Montagne 55, 57
- Courtagnon 49, 51

D
- Damery 43, 47

F
- Faux de Verzy 23
- Fleury-la-Rivière 43
- Fontaine-sur-Ay 27

H
- Hautvillers 37, 39

L
- Livre (vallée de la) 27

M
- Maison du Parc 53, 55, 57
- Marfaux 55, 57
- Mutigny 31, 35

P
- Pourcy 53, 55, 57

R
- Rilly-la-Montagne 17

S
- Saint-Lié (chapelle) . . .55, 57

T
- Trépail 21, 23

V
- Vieux Tilleul 21, 23
- Vigneron (sentier du) . .31, 35
- Ville-Dommange 55, 57
- Villers-Marmery 19

Avertissement : les renseignements fournis dans ce topo-guide sont exacts au moment de l'édition. Toutefois, certaines transformations du paysage engendrées par l'urbanisation, la création de nouvelles routes ou lignes ferroviaires, l'exploitation forestière ou agricole, etc., peuvent modifier le tracé des itinéraires. Le balisage sur le terrain devient alors l'élément prioritaire du repérage, avant la carte et le descriptif. N'hésitez pas à nous signaler les changements. Les modifications seront intégrées lors de la réédition.

Toute représentation ou reproduction, par quelque procédé que ce soit, constituerait une contrefaçon sanctionnée par les articles L. 335-2 et suivants du Code de la propriété intellectuelle.
Les extraits de cartes figurant dans cet ouvrage sont la propriété de l'Institut Géographique National. Leur reproduction dans cet ouvrage est autorisée par celui-ci.
Le tracé de l'itinéraire sur les fonds de carte IGN est la propriété de la FFRP.
Topo-guide des sentiers de Grande Randonnée®, Sentiers de Grande Randonnée®, GR®, GR®Pays, PR®, « à pied® », « les environs de... à pied® », ainsi que les signes de couleur blanc-rouge ▬, et jaune-rouge ▬ qui balisent les sentiers sont des marques déposées.
L'utilisation sans autorisation de ces marques ferait l'objet de poursuites en contrefaçon de la part de la FFRP.

1re édition : mars 2003
© FFRP-CNSGR 2003 – ISBN 2-85699-962-X © IGN 2003 (fonds de carte)
Dépôt légal : mars 2003
Compogravure : MCP, Orléans
Achevé d'imprimer sur les presses de l'imprimerie Jouve, Mayenne